陪你讀論語

時哉傳家寶　每天 5 分鐘

儒學家 × 知名學者 × 講師

唐瑜凌 著

八佾＋里仁

2

時哉傳家寶系列─陪你讀論語

目 錄

1　推薦序　得時而出的陪你讀論語

　　孔子第七十九代嫡長孫　孔垂長

5　作者序　訓練自己的面面俱到─斜槓人生的語言

　　唐瑜凌

▌ 八佾

15　第一章　目中無人是亂源

19　第二章　行禮要合乎身分

23　第三章　禮樂是仁心最好的包裝

26　第四章　認識禮的根本

29　第五章　為什麼蠻夷能完勝文明之國？

32　第六章　辦祭禮是招福還是遭禍？

36　第七章　君子的爭與不爭

39　第八章　培養舉一反三的領悟力

44　　第九章　　　　培養文化人才是國家發展的核心

47　　第十章　　　　什麼讓孔子看不下去？

52　　第十一章　　　天下事都在孔子手掌上？

55　　第十二章　　　用想像力得到祖先的庇佑

58　　第十三章　　　為何祈禱反而遭罪？

62　　第十四章　　　制度完備在於鑑往知來

65　　第十五章　　　好「問」的求學法

68　　第十六章　　　在比賽中展現風度

71　　第十七章　　　儀式感的重要

75　　第十八章　　　恭敬與諂媚的區別

78　　第十九章　　　管理者與被管理者的相處之道

81　　第二十章　　　《詩經》一開篇就美好

85　　第二十一章　　解開宰我與魯哀公密碼式的對話

89　　第二十二章　　評論歷史要有就事論事的眼力

95　　第二十三章　　孔子評論一首完備的音樂應具備的元素

100　　第二十四章　　孔子木鐸的聲音仍清亮地響著

104　　第二十五章　　盡善盡美的開國音樂

108　　第二十六章　　居上位者要重視這三件事

▌ 里仁

115　　第一章　　買房的首選條件

119　　第二章　　智者和仁者的心安之處

123　　第三章　　仁者有公仇但沒有私怨

127　　第四章　　仁者就事論事，不存在個人好惡

131　　第五章　　君子連吃飯也不願意忘掉的…

136　　第六章　　成為孔子想見的人

141　　第七章　　從過失中觀察動機與人品

145　　第八章　　不虛此生在聞道

149　　第九章　　聞道比穿衣吃飯重要？

152　　第十章　　義是衡量人事的標準

156　　第十一章　　君子與小人的內心劇場

160　　第十二章　　什麼樣的人「顧人怨」？

164　　第十三章　　禮讓是強國氣象

168　　第十四章　　讓別人知道你的快速方法

171　　第十五章　　兩個字，一輩子

175　　第十六章　　公義與私利之辨

178　　第十七章　　投資自己的進步大法

182　　第十八章　　規勸父母有妙招

185　　第十九章　　令人心安的孝道 - 報行蹤

189　　第二十章　　孝，就在家裡的老規矩上

192　　第二十一章　一件不可以不知道的事

196　　第二十二章　行動在前，承諾在後

199　　第二十三章　少犯錯的訣竅

202　　第二十四章　說話做事有妙招

205　　第二十五章　遠離孤單最好的方法

209　　第二十六章　與長官朋友相處之道

推薦序
得時而出的陪你讀論語

———————— 孔子第七十九代嫡長孫　孔垂長

《論語》是記先祖孔子言語之書，由孔子弟子及孔門後學輯錄而成，是儒家的重要經典，影響後世至深至廣，反映了孔子的政治、學術和教育思想，至今仍引領世界潮流。

細細翻閱本書，這不是普通的《論語》白話解，而是一本值得珍藏的人生智慧，若能用心靜下來品讀，必能帶給大家不一樣的閱讀體驗。

本書除了《論語》白話翻譯、章旨外，更有唐瑜凌老師的重點開解，幫助大家快速了解每一章的概念與精華，還附設提問，讓讀者學習完可以檢核自己所學是否深入，是否能學以致用。

本書雖然是唐瑜凌老師的著作，其實也是李炳南老教授（學生稱其為雪廬老人）傳承的《論語》詮釋學，李炳南教授曾由前清太史莊陔蘭先生的引薦進入孔府，輔佐先祖父德成公處理孔府事務，並跟隨先祖父的腳步，在那動盪的年代尋求安身立命之道，兩人關係亦師亦友，緣分深厚，我深深嚮往欽佩之。

　　來到臺灣後，李炳南教授續任孔奉祀官府主任秘書，除了堅守奉祀官府的秘書職責，期間也擔任多所學校的教授，更開辦多項利於臺灣發展的文化、教育、慈善事業，特別是弘揚孔子的文化思想，再再都受到先祖父的肯定與嘉許。

　　當年李炳南老教授於「臺中論語講習班」講授《論語》，唐瑜凌老師正式行三跪九叩禮成為老教授的入門弟子，並追隨老人的傳承學習《論語》等經典。

老教授一生兢兢業業，燃燒自己的生命與熱情，終身講學不輟，當時受到先祖父德成公的囑託，九十六歲高齡的老教授為培養後進，再次開設第三期論語班，為中華文化留下一盞明燈。老教授的學生徐自民老師把上課的筆記集結成《論語講要》，當中博參六百八十家《論語》註解，結合老人畢生的經驗閱歷與廣博的學識，成為時代寶典。

　　而唐瑜凌老師自老教授過世後三十多年來，不斷地藉由不同的授課機會，以《論語講要》為基礎，設立各種主題來講授，廣受海峽兩岸、馬來西亞華僑等文化學習者的好評；更配合時代，成立時哉時哉網路教育學院，以線上教學讓更多有心學習中華文化者，能在世界各地跟隨學習。經過數十載的積累，如今在眾人的期待下，整理分冊出書，這是一本有傳承的好書，能輕鬆閱讀，也能慢慢咀嚼品味，在此特別推薦給大家。

▌作者序
訓練自己的面面俱到——
斜槓人生的語言

唐瑜凌

　　論語內容看似老生常談，讀者或以為孔子之言過時、空泛或言之無物，殊不知宋朝大學者朱熹說論語是天下第一奇書。《論語》從〈學而〉到〈堯曰〉共計二十篇，是孔子弟子與再傳弟子輯錄孔子的嘉言語錄而成。所謂「論」是討論、評論，「語」是與人交談應答。孔子胸懷天下，開平民教育之先河，其交往談話的對象包括門人弟子、各國諸侯、政治人物、高人隱士、販夫走卒等等，可見孔子並非鎖在象牙塔中臧否是非人物，而是一位走入生活、跨界於諸侯各國、並能深入社會各階層中權衡折中的大時代人物。

孔子一生傳奇，出生於沒落的貴族世家，立基點與大家相同，自謂：「吾少也賤，故多能鄙事。」而最終他憑藉著後天的好學與努力、廣博閱覽典籍吸取精華，並透過在朝為官、周遊列國十四年歷事練心，展現出對各國國政、風土人情的洞察與了解，甚至曾經捲入各國政治鬥爭中，秉持著推行大道的心志與人情世故的通達，不論處境如何凶險，孔子都能全身而退。

只要不合乎道義，對於高官厚祿的禮遇，孔子不曾有絲毫眷顧，一般說「其猶龍乎」，是在不涉及政治的情況下說的，孔子卻是身處其中，讓人感到神龍見首不見尾，莫測高深，猶如顏回讚歎他的老師：「仰之彌高，鑽之彌堅，瞻之在前，忽焉在後」。孔子也非常樂意跟後學分享其內涵與見地，是一位能提攜後進的老師，亦如顏回說：「夫子循循然善誘人，博我以文，約我以禮。」但這些如海般深度的內涵，即便如顏回這樣天資聰穎、聞一知十、最能深探夫子真面目的大才，卻云：

「欲罷不能。既竭吾才，如有所立卓爾。雖欲從之，末由也已。」顏回努力將自己的天分、才能、時間都用在學習老師的內涵上，卻未能達到究竟，像孔子這種千古奇特的人物，實等待大家深入認識。

《論語》除了對談語錄外，更有孔子自發議論處，諸如對各種品德的定義與運用、對人際關係相處的分寸、對道的了解、對禮的分析、對人物的評斷、對命理的看法、對經學扼要處的掌握，都別具一隻眼。透過本書，我們可以抉擇出中華文化的要點，能夠培養知人的能力，經營良好的人際關係，辦事時能掌握關要，經營自己的命運，在形而上的知見中又能夠通達性與天道。

處在今日多變的時代，建立種種思維模式尤為重要，《論語》能夠幫助我們就事論事、客觀評斷，以終身學習的心志，成為一個博學又有實務經驗的人才，能因時制宜發揮大用，並找到文化及各種利生事業的出路。

本書主要參考依據為《論語講要》及《論語講記》。《論語講要》是山東濟南大儒李雪廬老人上課講述的內容，由徐醒民老師整理的筆記，比較就註解的抉擇上琢磨；《論語講記》則是雪廬老人講課，弟子們現場的筆記，較為口語化，重點在經學上的發揮探究。當然，我們也兼採其他坊間大儒的論語註解。為了避免讀者不耐，本書嘗試用貼近時代的語言、條列重點來剖析各章，可作為評斷吉凶禍福的標準，幫助大家累積豐富可觀的人生經驗。

　　在此非常感念我的恩師李炳南老教授（雪廬老人），1948 年他奉命押運山東曲阜孔奉祀官府卷宗行李等二十五箱文物，隻身渡海來臺，續任孔奉祀官德成先生府邸的主任秘書，落地便是終身留步。職務之餘，雪廬老人除了創辦臺中蓮社，還陸續開辦慈光圖書館、慈光幼兒院、菩提醫院、安老所、明倫月刊社、青蓮出版社等，在文化與慈善事業上多有建樹，而其講學底蘊深

厚，我有幸躬逢其盛，沐浴在老師的風采下，命運跟著發生變化，《論語》更是深深影響我，此書不但是十三經的門戶，也是生命的樞機。

回觀孔子所處的時代，是百家爭鳴、混亂的春秋時代，各國勢力競相角逐，跟現在的時空背景也有一些相似處。孔子的國際視野與觀點值得我們借鏡，他像世間精英般能善交朋友，如結交衛國的蘧伯玉、史魚、王孫賈，齊國的晏平仲，楚國的葉公等各國的人才。他也敢於冒險犯難，為推行大道周遊列國時，孔子一行曾在匡地被圍困，在宋國被司馬桓魋追殺，在陳蔡受困七天，最後都能化險為夷。同時孔子也是涉足各領域的博物君子，某國的太宰曾讚歎孔子多能，達巷黨人也曾說無法以一家之名來定義孔子，可見孔子符合今日斜槓人生的定義。孔子的做人處世雖極為務實，然懂得權變，所謂四十而不惑，無可無不可，更是一般人達不到的境界。

總之，不管從什麼角度來認識孔子都能有所得，倘若只把孔子及其言論變成僅是古文化的一支，則是現代人莫大的損失。希望本書能提供時下的年輕人一個正確的人生方向，能培養對時代針砭的眼力。而有心把子弟培養成為人才的老師，也可用本書為藍本。

　　《論語》的文學價值很高，文筆精煉，少言攝多義，三兩句話便能把事情說清楚明白、精準到位，給予我們人生很大的啟發與想像。上述都是孔子遺留下來的龐大文化資產，我抱著利他以及傳習的心態，想要對社會有所貢獻與回饋，便有了論語分篇出版的想法，由衷盼望在大家閱讀、賞析後，都能有所進益與收穫。

八佾

第一章
目中無人是亂源

孔子謂季氏，八佾舞於庭。是可忍也，孰不可忍也。

——— 3.1

字詞解釋

八佾：八佾即八佾舞，佾是列的意思。八佾舞是天子祭祀太廟的樂舞，以八人為一列，共八列，六十四人。諸侯六佾，四十八人。大夫四佾，三十二人。士二佾，十六人；另有古注認為六佾是六六三十六人，四佾為四四十六人，二佾為四人。祭禮必須以祭祀者的地位來行禮。

白話解釋

（解法一）

　　孔子評論魯大夫季平子說：「季氏在他的家廟魯桓

公廟庭中，使用了周天子八八六十四人的舞蹈行列來祭祀魯桓公。這種僭越天子禮樂的事情，他都忍心做，其他還有什麼事情他不忍心做？」

（解法二）

　　孔子評論魯大夫季平子說：「季氏在他的家廟魯桓公廟庭中，使用了周天子八八六十四人的舞蹈行列來祭祀魯桓公，這種事是非禮越分的，而魯君以及當時在魯君身邊的大臣，看見季氏如此僭越禮制，都容忍得下去，不敢去過問，那還有什麼人、什麼事不能容忍。」

章旨
此章論魯卿季氏，僭用禮樂之事，必為魯國禍亂的源頭。

▋唐瑜凌老師開解

一、認識季平子

　　季平子就是季孫意如。季平子在祭祀家廟時跳八佾舞，這是天子才能用的佾舞，孔子說他這種事情都做得出來，那還有什麼事情做不出來？這是見微知著，果然後來季平子跟魯昭公有嫌隙，雙方發生戰鬥，導致魯昭公出奔，離開魯國。

二、魯國為何會有八佾舞

　　祭祀之禮表徵的是生者的身分，所以祭祀者是天子，才可以用屬於天子之禮的八佾舞。魯國開國國君周公，對周朝有非常大的功勞，所以周成王賜予魯君，可以用八佾舞來祭祀周公，但這卻成為魯國僭越禮制的源頭，季孫大夫專權時，竟然在家廟跳八佾舞來祭祀先祖魯桓公。

三、禮樂的發展要有本質

　　禮可以讓民族延續，也可以讓國家滅亡。本章告訴我們禮樂的運用不能僭越，像季孫大夫濫用禮，加速了魯國

的滅亡。禮樂必須以五倫為本質，去發展各種美妙的作法，如此能和諧人際關係、凝聚共識，使國家民族強盛。

本章提問

一、季平子在祭祀家廟時跳八佾舞，說明了什麼事？

二、季氏為什麼在自己的家廟跳八佾舞，祭祀的對象會是魯桓公呢？

三、僭越禮樂會造成什麼影響？以五倫為本質發展的禮樂又有何效益？

第二章
行禮要合乎身分

三家者以雍徹。子曰：「相維辟公，天子穆穆。」奚取於三家之堂。

字詞解釋

三家：仲孫、叔孫、季孫氏是魯國桓公的後代，是掌實權的卿大夫，大夫稱家，故稱三家。

雍：《詩經》一篇詩的名稱，在《周頌・臣工之什》裡。

徹：通「撤」，撤祭品。天子祭宗廟禮成時，會唱誦〈雍詩〉撤掉祭祀供養的食物。

相：音同「像」，助。

維：語助詞，無義。

辟公：辟指各國的諸侯，公指夏朝跟商朝的後代，他們被封為公爵。

穆穆：溫和肅敬的樣貌。

白話解釋

　　魯君號令不行，而朝中仲孫、叔孫、季孫三家大夫，在祭祀禮成時，歌唱《詩經》中的〈雍詩〉來撤祭品，這是天子祭太廟才能用的詩歌。孔子引用〈雍詩〉篇中的兩句詩文來譏評三家的非禮僭越，〈雍詩〉中說道：「相維辟公，天子穆穆」，即在祭祀的時候，天子是主祭，夏商二王的後裔以及各國諸侯是陪祭，天子在主祭時神情溫和而又肅靜，祭祀結束後，莊敬如初，所以禮成時歌頌〈雍詩〉撤饌。這兩句詩，如今竟然用在三家祭祖的大廳上，三家的廟堂哪裡有各國諸侯來陪祭，三家也不是天子，唱〈雍詩〉的意義是採取哪一點呢？三家哪裡有資格用〈雍詩〉來撤饌。

章旨

此章譏諷三家目無國君，僭越天子，大膽又放肆，這種君不君，臣不臣，綱紀廢弛，是春秋成為亂世的原因所在。

▌ 唐瑜凌老師開解

一、「雍徹」的意思

　　「雍徹」就是天子在祭祀禮成之後，要撤祭品時，唱誦《詩經・周頌・雍》的內容來讚頌。魯國三家大夫在自己的家廟祭祀祖先，撤祭品時居然也唱此詩，是禮制上非常大的僭越。

二、「相維辟公，天子穆穆」的意思

　　這是撤饌時所唱的詩句，整句的意思是，諸侯國的國君們，作為祭祀的助祭者，天子是主祭者，容貌溫和肅敬。描述著天子祭祀的盛況，莊嚴而且感人。

三、大夫唱誦〈雍詩〉有什麼意義？

　　三家大夫僭越禮制，在撤饌時也唱「相維辟公，天子穆穆」，主祭者既不是天子，陪祭者也不是諸侯國國君，那麼這樣的唱誦，只是諂媚祖先而已，在三家的廟堂中哪有什麼可取之處呢？這是孔子感嘆他們這樣的行為沒有把國君放在眼裡，其家臣也不會將他們放在眼裡，犯上作

亂，一切都正好而已。

本章提問

一、本章魯國三家大夫如何僭越？

二、〈雍詩〉中說的「相維辟公，天子穆穆」是什麼意思？

三、孔子對三家的所作所為有何看法？

第三章
禮樂是仁心最好的包裝

子曰：人而不仁，如禮何。人而不仁，如樂何。

白話解釋

　　孔子說：「一個人如果沒有仁心，則無謙讓、敬人、和諧等美德，這樣的人，就算行禮奏樂，也沒有實質意義。所以，人如果沒有仁心，禮奈何不了他；人如果沒有仁心，樂奈何不了他。不仁的人行禮奏樂無法幫助他趨吉避凶。」

章旨

此章也是為季氏而發，季氏僭用王者禮樂，不把國君看在眼裡，內心私慾滔滔而不仁，禮樂奈何不了他。禮樂雖然奈何不了他，但家臣可以，正好說明天道好還。

▌唐瑜凌老師開解

一、本章可通指一般人，也可別指三家大夫

　　整體來說，人如果沒有仁心，為人不厚道，那麼禮樂也沒有用處。本章也可以指三家大夫，特別是季孫大夫，心不在國家，只在乎個人利益，目無尊長，在自己的家廟跳八佾舞、撤饌唱〈雍詩〉、祭泰山，把自己比照為天子，禮樂對他們來說，只是用來擴展身分，除了遭致凶險以外，還會有什麼幫助呢？

二、禮樂不能只講形式

　　禮樂如果流於形式化，反而讓人感到虛情、肉麻、厭惡、沒有任何意義。所以禮必須是真誠的，必須合乎仁，這才是真正的文化所在。

三、禮要重實質

　　行禮要重視的是實質，本章告訴我們，禮的實質就是仁，禮的本質也可以是敬、也可以是讓，都是要心存厚道去利益人家，想要給他人出路，所以用禮來表達對他人的

恭敬，對他人的情誼，並且用禮來表達親疏厚薄，賢與不賢，這都有益於風氣的開展，使大家禮賢下士，懂得尊重長輩，長輩也能提攜後進。

四、樂也要重實質

樂包括音樂、歌詞、樂器、動作、舞蹈，互相配合到位，又不互相奪倫，才能有完美的演出，這和做人處世的道理相同。所以音樂的實質，就是在表達和諧、表達眾人的合作，產生近悅遠來的效果。

本章提問

一、仁心與禮樂有什麼關係？

二、禮的實質是什麼？樂的實質是什麼？

三、禮樂如果只講求形式，會產生什麼問題？禮樂講究本質，會有什麼效果？

第四章
認識禮的根本

林放問禮之本。子曰：大哉問。禮，與其奢也，寧儉。喪，與其易也，寧戚。

白話解釋

魯人林放請問孔子禮的根本。孔子讚歎他：「問得太好了！禮，以吉禮中的祭祀為例，祭祀以誠心為本，與其奢侈浪費，寧願節儉。辦理喪事，與其和順有條理，卻不合真情，還不如處理得雖然不完備，但是內心卻充滿著真情。」

章旨

孔子說明禮的根本在質而不在文，在簡而不在奢。

▍唐瑜凌老師開解

一、認識林放

　　林放，字子丘，魯國人，為比干後代，是孔子六十八歲回到魯國所收的弟子。本章可以看出他想要深入講究禮的內涵，所以問禮的根本。這就好比一棵樹有了根本，其花、葉、枝幹、果實，才能茂盛生長。孔子讚歎此問是大哉問，問得太切要了。

二、禮不願奢，寧願儉

　　古禮可以分為吉、凶、軍、賓、嘉五類。禮的過奢與過儉都是過失，但在兩者之中抉擇，寧可儉不要奢，講究供品、排場，重形式與外相，反而不如儉中有誠意，誠意才是禮的根本重點。

三、喪禮與其辦得很有條理，寧願哀傷

　　喪禮的過失，可能是很有條理，可能是過於哀傷，此時則寧可選擇哀傷，所謂「禮不足而哀有餘」，臨喪不哀，沒有誠意，就沒有可觀之處，誠意才能讓人有感

受，才能讓人感動。

本章提問

一、林放問禮的根本，孔子為何要舉祭祀與喪祭來回答？

二、林放問禮，孔子為什麼說是「大哉問」？

三、為何祭祀與其奢侈，不如節儉？喪事與其有條不紊，不如內心哀戚？

四、祭祀能否又奢又有誠意，喪事辦得有條理又有真情？

第五章
為什麼蠻夷能完勝文明之國？

子曰：夷狄之有君，不如諸夏之亡也。

3.5

字詞解釋

亡：同無。

白話解釋

孔子說：「夷狄是外國，雖然沒有禮樂教化，至少眼中有君主，不同於春秋時候的諸侯國目無君主。」

章旨

春秋時代，諸侯不聽命於周天子，導致大夫專權，無父無君，弒父弒君者有之，雖有禮樂而無所用，孔子遂有感而發。

▌唐瑜凌老師開解

一、什麼是夷狄與諸夏？

　　夷狄，是古代東夷、西戎、南蠻、北狄的合稱，他們都是沒有受教化的外族。諸夏，指中國，泛指中原一帶文化較高的各國。夷狄是周朝統治範圍外的民族，當時屬於化外之民，諸夏就是指周天子所分封的諸侯國。

二、諸夏不如夷狄

　　夷狄雖然是外族，但是還有長幼尊卑之分，諸夏在當時有許多臣弒君或子弒父的情形，僭越禮制者比比皆是，這樣的亂世，還不如夷狄。

三、夷狄不如諸夏

　　另一個講法，夷狄之有君，反而還不如諸夏，因為諸夏這些諸侯，維持了一些禮樂的教化，國君雖然沒有辦法控制朝政，可是整個國家還維持著一定的秩序，那是以前風氣的延續。無論哪一種講法，都是孔子的感慨。

四、本章的啟發

1、從本章可以知道禮樂教化的重要，風氣要延續、人才要培養、國君與臣子要以身作則，那才是真正的盛世，才會帶來國家人民的快樂。

2、禮樂教化的核心在孝弟忠信，或仁心等德行的建立。否則徒有禮樂，內心無長幼尊卑之別，目無君上，不如夷狄。

本章提問

一、什麼是夷狄與諸夏？

二、孔子為何有本章之嘆？

三、諸夏不如夷狄或夷狄不如諸夏，要如何解釋？

第六章
辦祭禮是招福還是遭禍？

季氏旅於泰山。子謂冉有曰：女弗能救與。
對曰：不能。子曰：嗚呼，曾謂泰山不如
林放乎。

3.6

字詞解釋

旅：是古時候祭祀的名稱，非平常的祭祀，有重大的事情才會舉行，以祭天的玉器陳列於几上，祈禱而埋之。天子祭天下的五嶽，即東嶽泰山、西嶽華山、中嶽嵩山、北嶽恆山、南嶽衡山。五嶽是天子祭祀，但是某一嶽如果在某國家之內，國君也可以祭。泰山在魯國、齊國，則魯國、齊國的國君可祭。

弗：不。

救：止也。

曾：豈，難道。

白話解釋

　　魯國大夫季孫氏要去祭泰山，然而天下名山大川只有天子才能祭，以及魯君、齊君在其境內可祭。季氏只是魯國的大夫，他也要去祭泰山，這是嚴重的僭越禮制。當時冉有在季氏家擔任家臣，孔子便問冉有說：「你是他的家臣，能不能勸諫他，挽救這樣的情勢？」冉有回答：「不能。」孔子於是感嘆地說：「難道泰山之神會不如林放嗎？」孔子的意思是，普通人如林放，尚且知道問禮的根本；泰山之神，豈不知禮？祭祀合乎禮，神才會接受，否則不能受。季氏目無天子，目無國君，泰山肯接受嗎？難道泰山之神還不如林放嗎？

章旨

此章譏嘆季氏祭泰山非禮，不說季氏而說泰山，言語溫和，然聞之令人足誡。

▋唐瑜凌老師開解

一、本章歷史背景

　　本章是孔子六十八歲回到魯國的事情，當時執政大夫是季康子，冉有則在季氏家中擔任家臣，林放也是孔子回魯國後所收的弟子。

二、誰可以祭泰山？

　　季氏旅於泰山，就是旅祭泰山，這是非常重要的祭典，只有天子才可以祭泰山，魯國君主只能祭祀境內的泰山。季康子身為大夫，卻辦理這樣的祭祀活動，是非常大的僭越。

三、冉有已經勸不了季康子

　　冉有在季孫大夫家做家臣，孔子問他：「你不能夠勸諫嗎？」冉有回答不能，表示他已經嘗試過，但季孫大夫心意已決。

四、孔子的感慨

「嗚呼！」表示孔子非常感慨，林放都知道問禮之本，難道泰山神不如林放，會收下季孫大夫僭越祭祀的供品？此處口氣似乎在責備泰山神，因為季孫大夫已經不足以責備，孔子是站在責賢的立場說話。季康子這種祭祀的行為，不僅不會招福，反將遭禍，只有在本分及誠心上講究的祭祀，才是正確的祭祀之道。

本章提問

一、誰有資格祭泰山？

二、季氏僭越，他的家臣冉有怎麼不勸諫？

三、孔子為何要責備泰山？這種責備於事無補，為何要多此一舉？

第七章
君子的爭與不爭

子曰：君子無所爭，必也射乎。揖讓而升下而飲。其爭也君子。

字詞解釋

揖讓：拱手行禮，互相謙讓。

白話解釋

　　孔子說：「君子處於世間，與人無爭，如果一定要問君子有什麼爭的事情，那就是射箭。射禮行於堂上，上臺之前，要先相互作揖請讓；比賽結束後，也要作揖請讓。在比賽之後，有了勝負，贏的人手裡提著酒壺，斟上兩杯酒，請輸的人先喝，贏的人陪同，表示慰問承讓。君子之爭只在射箭時各顯其藝能，求能中箭靶的中心，這就是君

子的爭，雖爭卻是雍容揖讓，不同於小人，這樣的爭是君子之爭。」

章旨

此章言射禮有君子之風，李炳南教授說本章的重點在「其爭也君子」。

▋唐瑜凌老師開解

一、君子為何無所爭？

為了名聞利養而爭強鬥狠、讚歎自己、毀謗他人，這樣不但破壞風氣，還會跟他人結冤仇，也虧損了自己的品德，失去良師益友的協助。所以君子不爭，因為可以趨吉避凶，當中涵藏著處世的智慧。

二、君子也有所爭？

如果說君子一定有所爭，就是射箭吧！本章特別舉出屬於六藝之一的射禮。古時候除了打仗，選人才、宴客或

交誼等活動，也都會舉行射禮，當中充滿了智慧、禮節的往來，還能培養安定力，如果懂得分際，將贏得眾人的好感，是一種很棒的教育。除此之外，例如當仁不讓、見義勇為，這些都是君子所爭。

三、為何射禮要爭？

射禮上台的時候要打拱作揖彼此謙讓，表現不是爭強鬥狠，不是只求名次，而是雍容大方。下台也要揖讓與飲酒，勝者表示「承讓！」敗者表示「佩服！」可見所爭的是運動家的精神，所爭的是君子之風。

本章提問

一、君子爭也不爭，何事君子要爭？

二、古代射禮的意義是？

三、為何射禮要爭？爭的是什麼？

第八章
培養舉一反三的領悟力

子夏問曰：「巧笑倩兮，美目盼兮，素以為絢兮。」何謂也。子曰：繪事後素。曰：禮後乎。子曰：起予者商也，始可與言詩已矣。

—— 3.8

字詞解釋

倩：形容詞，美好的。

兮：語助詞，無義。

盼：黑白分明。

素以為絢兮：素，指面頰與美目。絢，指笑倩盼動的情況。

繪事後素：素，是繒或絹之類的絲織品。繪畫在鋪好素地的絲織品之後。

白話解釋

　　子夏讀《詩經》的三句詩「巧笑倩兮，美目盼兮，素以為絢兮」，這三句詩是形容女子微笑時，靈巧的笑容，雙頰留窩，多麼優美啊！醉人的眼波一轉動，黑白分明，十分靈活，多麼明媚啊！有這樣好的面頰與美目，始有笑倩盼動之美。子夏讀這三句詩，讀到「素以為絢兮」便問孔子是什麼意思，孔子以繪畫的比喻來答覆子夏：「繪畫前必須先鋪一塊白繒或白絹，如後世畫家所用的畫紙，稱為素地，鋪好才能在此素地上施彩繪畫，所以繪畫之事在素地之後。素比喻美女的兩頰與美目，這是美的素質；繪事比喻笑倩盼動，這是美的姿態。先有美質，而後有美姿，就好像繪畫之事在素地之後。」孔子以繪畫之事喻詩，子夏由詩而領悟禮，說道：「禮居於忠信之後，即禮以忠信為主，學禮以忠信為前提，不忠不信的人學禮無用。」孔子於是稱許地說：「子夏能悟言外之意，可以與他談論詩了。」

▌唐瑜凌老師開解

一、認識子夏

　　子夏是春秋的晉國貴族之後，但到他這一代已家道中落，是孔門文學科的代表，小孔子四十四歲，孔子過世時他才二十九歲。子夏曾經作過莒父宰，傳承《詩經》與《易經》，他的禮學也跟子游一樣有內涵。孔子過世後，子夏曾到魏國當魏文侯的國師，晚年他因為喪子而痛哭失明，曾子為此對他有一番勸諫。

二、「巧笑倩兮，美目盼兮，素以為絢兮」描述的是莊姜

　　詩句出自《詩經・衛風》的碩人篇，莊姜是衛莊公的夫人，是氣質很好的淑女，可惜衛莊公仍迷惑於姬妾。「巧

笑倩兮」表示莊姜巧好的一笑，面頰便展露美好的笑容；「美目盼兮」指她美目轉動，黑白分明，十分靈活。「素以為絢兮」意思是絢麗的笑容及美目轉動，來自於臉頰及眼睛本身美好的質地。

三、「繪事後素」的意思

此處「素」是指作為畫紙的白絹或白布，繪畫必先準備好白布，才能接納五彩，就像莊姜絢麗的笑容是因為有美好的質地。這句話是孔子針對子夏的疑惑所給予的解釋。

四、子夏從孔子回答中所得到的啟發

從上述說明，子夏感悟到禮也是如此，要先有忠信的質地，之後才能學禮，待人處世才不會變成虛情假意。學詩要有悟性，子夏能夠舉一反三，所以孔子很高興地說，可以跟子夏談論詩了！

本章提問

一、「素以為絢兮」是什麼意思？

二、子夏從孔子回答的「繪事後素」中領悟到什麼？

三、子夏這種悟性，對於他學習經學有何助益？

第九章
培養文化人才是國家發展的核心

子曰：夏禮吾能言之，杞不足徵也；殷禮吾能言之，宋不足徵也。文獻不足故也。足，則吾能徵之矣。

—— 3.9

字詞解釋

杞：杞國，是夏朝後代的封國。

宋：宋國，是殷代後人的封國。

徵：證也。

文獻：文指典冊，獻指能知殷夏文化的賢人。

白話解釋

　　孔子說：「夏朝的禮制，我能夠說得出來，但須取得證明。然而，夏朝後代的杞國不足以為證。殷朝的禮，我

自認能說，然而，殷商後代的宋國不足以為證。杞、宋不足以為證的原因是，夏殷兩代早已滅亡，能知夏代文化的賢人，應在杞國；能知殷代文化的賢人，應在宋國。但杞宋兩國已經難覓這樣的賢人了，所以說文獻不足。文獻若足，亦即如有那樣的賢人和典籍，則我能將所說的夏殷之禮與他們對證。」

章旨

此章是孔子慨歎夏、殷兩朝禮制失傳。因文獻不足，而無所取證，雖然孔子能知能言，尚須尋求文獻，必為徵信，足見孔子言必有證。

▌ 唐瑜凌老師開解

一、杞國與宋國是夏商二朝王族的後代

武王伐紂之後，夏朝的後代封於杞國，商朝的後代封於宋國，藉此讓他們可以保留對先祖的祭祀，這是繼絕嗣的仁政。

二、孔子是博學的君子

　　孔子說他懂得夏朝的禮，也懂得商朝的禮，只要文獻足夠，就可以證明他所說是對的，可惜杞國與宋國，已經沒有足夠的典籍人才來做證明。

三、文獻的重要

　　文指典籍，獻指能解釋典籍的人才。古代都是貴族教育，要靠賢大夫、賢士，把禮的內涵說明清楚，才能往下傳承，如果只有典籍沒有人才，也無法延續其中的精神。文獻是後代民族延續的根據，即使朝代更迭，文獻充足，民族就會不斷延續，〈中庸〉也說：「無徵不信，不信民弗從。」本章告訴我們培養文化人才十分重要，道統的學習才能保留民族的文化、保留民族的氣節，這才是對國家民族真正的愛護。

本章提問

一、杞國、宋國不足以為夏朝、商朝禮制證明的原因是？

二、文獻，文指什麼、獻指什麼？

三、取得文獻徵信有何重要性？

第十章
什麼讓孔子看不下去？

子曰：禘，自既灌而往者，吾不欲觀之矣。

字詞解釋

禘：音同「帝」，即禘禮，是天子祭祀宗廟的大祭。魯國因其始祖周公旦有功勳於天下，周成王特別允許魯國以天子禮樂祭祀周公，所以魯國周公廟有禘禮。

灌：即灌禮。在太廟裡舉行禘祭的時候，會有一個活的人穿上祖先的衣服，代表祖宗坐在那裡，「灌」就是把用鬱金香草汁所和的香酒獻給扮演祖宗的人，再將酒灌在地上，請祖宗神靈降臨到祭祀的場合來，這就是灌禮。

白話解釋

（解法一）

孔子說：「禘祭之禮，要先把祖宗的神靈請來，然後正式祭祀，祭祀時要列尊卑，左邊是昭，右邊是穆，依順序排列。按禮制來講，魯君的祭祀順序應該是魯隱公、桓公、莊公、閔公、僖公、文公，但後來禮制錯亂了，這是逆祀，所以，行灌禮之後，我就不想再觀禮了。」

（解法二）

孔子說：「魯國舉行禘禮，到了灌禮的環節後，魯國主祭與陪祭的君臣在祭祀時心理不集中，精神倦怠，所以我不想再看下去了。」

（解法三）

孔子說：「魯國的國君可以用禘禮祭祀周公廟，這是周天子特賜之禮，但後來，魯君不但祭周公廟用禘禮，連祭桓公廟也用禘禮，甚至僭用禘禮於歷代的君主廟，相當不合禮制，我不願意觀看。」

▌唐瑜凌老師開解

一、什麼是禘禮

以前天子在郊外祭天，稱為郊祭，以彰明「天道無私，常與善人」的道理，人們要順應天道行善積德，才能夠得到天的厚愛；在宗廟裡則舉行禘禮，這是五年一次的大祭，藉由祭祖來懷念祖宗的恩德。因為周公對周朝有偉大的貢獻，所以周成王賜與魯國，可以用天子規格的禘禮來祭周公。

二、「灌」是什麼？

禘禮進行中，會獻給祖先以鬱金香搭配玉米所釀成的美酒，將酒灑地稱為灌，以酒香來迎請祖先神靈，然後才有後面種種儀程。

三、「灌」之後發生什麼事情？

依灌禮迎請祖先後，發生了僭越違禮的事情。照理魯國國君的次序，魯閔公輩分應在魯僖公之前，而魯僖公的兒子魯文公在祭祀時，卻把僖公的牌位移到閔公之前，混亂了輩分次序，稱為逆祀，因此孔子不欲觀。

另一種講法認為，天子規格的禘禮本應該只在周公廟舉行，但魯國國君卻用來祭祀自宗的祖先，把自己的祖先視同天子來祭，這是很大的僭越，所以孔子不欲觀。

四、逆祀僭越的結果

逆祀僭越的結果就是秩序大亂，當在上位者不依禮而行，在下位的卿大夫、士人也會有樣學樣，難怪三家大夫不把魯君看在眼裡。所以本章告訴我們，禮是福禍之源，孔子講究學禮、講禮、習禮、演禮，以此維持自己的內涵，經營良好的風氣，弘揚中華的道統。

本章提問

一、什麼是禘禮？什麼是灌禮？

二、逆祀僭越的結果為何？

三、合情義之禮的結果為何？

第十一章
天下事都在孔子手掌上？

或問褅之說。子曰：不知也。知其說者之於天下也，其如示諸斯乎。指其掌。

白話解釋

有人問孔子，褅祭之禮，這個禮怎麼說明。孔子回答：「不知道。」然後伸出手掌，告訴此人：「誰能知道褅禮之說，誰即對於天下複雜的事，顯示像這樣。」說到「示諸斯」時，孔子就用另一手，指他伸出的手掌，也就是說天下事就像手掌紋，孔子能瞭如指掌。

章旨

此章言臣為國君隱諱過惡，也是一種禮。

▌唐瑜凌老師開解

一、孔子真的不懂禘禮嗎？

　　孔子博學多聞，能通達禮儀，對於禘禮卻說不知道，其實是為了避諱魯君的過惡，也就是上一章所說，亂昭穆（輩分）、僭越禮制的行為，所以孔子稱說不知，避免張揚國君的錯。

二、孔子的言外之意

　　孔子接著又說，如果知道禘禮的意義、內涵等等說法，那對於複雜的天下事，就會像觀自己掌紋那般清楚地顯示。孔子的言外之意是對於禘禮很明瞭，真正懂得禘禮的人，面對再複雜困難的事情，也可以成功。

三、禘禮的意義

　　在盛大的祭祀典禮中，有莊嚴的儀式，還有知恩報恩的心態。大家辦事時，不忘依照身分、輩分安排應有的次序；祭典結束後，共享祭品代表恩惠能夠普施大眾，彼此敬酒時也能相互恭敬禮讓，以上都是治國的要領與內涵。

本章提問

一、孔子為何回答自己不懂禘祭之禮？

二、「指其掌」是什麼意思？禘禮跟複雜的天下事有何關聯？

三、禘禮的意義是什麼？

第十二章
用想像力得到祖先的庇佑

祭如在，祭神如神在。子曰：吾不與祭，如
不祭。

3.12

白話解釋

　　無論祭鬼祭神，祭祀都要如鬼神在你面前一般。祭
鬼，一心想像祖先就在眼前。祭神，一心想像所祭的神就
在眼前。這樣的竭誠祭祀，就能感得鬼神來享。孔子說：
「我如果因事或因病不能親自參與祭祀而找人代理，就沒
辦法親自竭誠想像，如此則不能得到感應，所以使人代祭
的祭祀如同沒祭祀。」

▍唐瑜凌老師開解

一、祭祀祖先的方法

「祭如在，祭神如神在」是古書上的話，「祭如在」
就是祭祀自己的祖先時，想像祖先如在眼前。古代有兩種
祭法，第一種是讓很像祖先的孩子，代表祖先接受祭拜；
第二種就是立牌位，用牌位來代表祖先。無論是哪一種，
都要觀想祖先就在眼前，如此才會戒慎恐懼、態度肅穆、
言行專注，並且具有誠意，感應之道就在其中。

二、祭祀神明的方法

「祭神如神在」，祭神跟祭祀家中的祖先一樣，要如
同神明就在眼前，〈中庸〉裡面也說「事死如事生，事亡
如事存。」所以林放問禮之本，孔子告訴他誠意的重要，

禮要特別講究誠意，「如在」地去觀想，親自參與，全情
投入，才能展現誠意。

三、親自參與祭祀的重要

「吾不與祭，如不祭。」意思是主祭者不參與祭祀，
就如同沒有祭祀，因為主祭者無法觀想如在眼前，也沒辦
法親自表達誠意。就如同迎請貴客，結果主人不出面，就
太失禮了！所以古代祭祀要先齋後祭，祭祀前散齋七天，
約束自己不要應酬享受；再致齋三天，專注地回想父母親
或祖先的行誼，如此到了祭祀之日，才能有最誠意的觀想
與表現。君子慎獨也是這個道理，平時的思想，都是在培
養自己的誠意，養成待人處世的能力。

本章提問

一、為何主祭者不參與祭祀，就形同沒有祭祀？

二、現代還需要祭祀嗎？

三、祭祀真的會獲福嗎？會得到哪些福呢？

第十三章
為何祈禱反而遭罪？

王孫賈問曰：與其媚於奧，寧媚於竈，何謂也。
子曰：不然，獲罪於天，無所禱也。

———————————————————————— 3.13

字詞解釋

奧：古時房屋坐北朝南，室中西南隅稱之為奧，尊者居之，
也是祭祀主堂室之中霤（音同「六」）神的處所。

竈：指灶神，主管飲食，地位比中霤神低，但是具有實權。

白話解釋

　　王孫賈誤會孔子周遊列國到衛國只是求官，故問孔
子：「『與其媚於奧，寧媚於竈』，是什麼意思呢？」王
孫賈以奧比喻南子，以竈比喻自己，意思是告訴孔子：你
求南子，不如求我王孫賈。孔子說：「這話不對，如果一

個人非分而求，所造的惡得罪上天，必受天譴，則無處祈禱免禍。」

章旨

此章言夫子以禮進退，不求媚於人也。

▌唐瑜凌老師開解

一、王孫賈是誰？本章歷史背景？

　　王孫賈是衛國大夫，是治軍之才，受到衛靈公欣賞，孔子周遊列國到衛國時，頗受衛靈公尊敬。靈公夫人南子，品行不端，但有才能，欲藉孔子之名以壯自己聲勢，召見孔子，孔子於是拜見。王孫賈看到孔子去見南子，誤會孔子靠南子的關係在衛國求官，所以用一句成語來請問孔子，表面上是請教，實際上是暗諷。

二、王孫賈的言外之意

　　言外之意是告訴孔子，你與其諂媚南子，不如諂媚我

王孫賈。此言將南子比喻為奧神，王孫賈比喻為灶神，奧神地位高，灶神地位低，可是灶神具有實權，猶如王孫賈是具有實權的大臣。

三、孔子如何回應此難題？

孔子六十而耳順，一聽便知對方心意，這種能力要慢慢練習，隨著知識背景增廣，人情世故通達，才能造就一副好耳力。孔子當然了解王孫賈的言外之意，面對這個具有暗諷意味的難題，孔子竟然說：「不然。」全盤否定王孫賈的說法，並回答道：「獲罪於天，無所禱也。」意思是：「我孔某不是一位諂媚求官的人物，而是知道如果不按照天道而行，獲罪於天帝，那諂媚禱告都是枉然。」在衛國為官辦事，如果不能發心為公，以誠事君（衛靈公），來為人民謀福利，只想著自己而到處諂媚巴結，不但錯誤而且徒勞。

本章提問

一、王孫賈問孔子「與其媚於奧，寧媚於竈」是什麼意思？

二、孔子為何要回答「獲罪於天，無所禱也」？

三、由本章可見，孔子在衛國的地位如何？

第十四章
制度完備在於鑑往知來

子曰：周監於二代，郁郁乎文哉。吾從周。

—— 3.14

字詞解釋

監：音同「建」，視也，考察。

郁郁：文質彬彬。

白話解釋

　　孔子說：「周公制定禮時，考察夏商二代之禮，予以增加或刪除，而制定為文章完備的周禮，亦即本質與條文兩者兼備，相互平衡，不會超過也不會不及，是恰到好處的中庸之道。所以辦政治，要依從周禮而行。」

▌唐瑜凌老師開解

一、辦任何事業都要鑑往知來

做事業時，要看過去的演變、現代的發展、以後的方
向。治國也是如此，必須了解過去如何延續至今，未來又
會如何進展。周朝的開國，考察了夏商兩代的興衰，承襲
過去禮制的精神，並依據時代的需求作出增減調整，成為
非常廣泛又有文采的禮樂制度，使孔子大為稱讚。

二、本章對於人生的啟示

周朝以良好的本質作為開國基礎，進而發展文采，
才有八百年的天下。人生的經營也是如此，不只要有本
質（品德），還要有文采。本質勝過文采，就如野人；
文采勝過本質，則顯得虛偽。以好的本質為基礎去發展

文采，才能利益廣大人群，成就文質彬彬的君子形象。

本章提問

一、周公如何制定禮制的？

二、孔子為何要依從周禮而行？

三、一個人的本質與文采應如何配合？

第十五章
好「問」的求學法

子入太廟，每事問。或曰：孰謂鄹人之子知禮乎。入太廟，每事問。子聞之，曰：是禮也。

——— 3.15

字詞解釋

鄹人：鄹，音同「鄒」，指魯國鄹邑。孔子父親曾為鄹邑大夫，故稱鄹人。

白話解釋

　　孔子入周公廟觀演禮時，見到廟裡的事物，如禮器、祭品、祭禮、樂器、樂舞、音樂演奏等的內涵，都會一一詢問。有人疑問：「誰說鄹人之子（孔子）知道禮呢？他入太廟，每事都要問人。」孔子聽聞此言論，便說：「這樣問就是禮。」

▌唐瑜凌老師開解

一、太廟是指周公廟

太廟是供奉先祖的處所，魯國是成王封給周公的封地，雖然周公留在朝中，讓兒子伯禽前往魯國，可是周公依然是魯國始祖，子入太廟，就是進入周公廟。周成王還賜予魯國國君，可以用天子之禮來祭祀周公，因此魯國太廟中的禮儀十分完備。

二、多問是一種學習法

問得廣泛、明白徹底，才可以學得更通透。孔子的父親曾經當過鄹邑大夫，所謂的「鄹人之子」就是指孔子。孔子入太廟每事問，包括問儀式、問禮器、問樂器、問樂舞、問音樂演奏、問供品、問陳設、問執事人員、問應有的禮節等。魯國祭太廟，用四代禮樂，多不常見，故夫子每事問，表示謹慎。且孔子問的時機，應該是正

式祭祀前演禮之時，如此才有機會問得深入。因為每事問，或有人以為孔子不懂禮，這是誤解。孔子參觀演禮，既是觀禮，則有學習或傳習之意，每事皆可以問，這就是禮。

三、為何要問禮？

〈中庸〉讚歎：「舜好問而好察邇言。」古代的聖王也會把事情問明白。本章可見孔子的求學精神，不只是禮的條文，還要問禮的精神、意義、價值、成效、如何趨吉避凶等，這些都在國家的祭祀典禮當中。祭祖代表不忘本，更要讓祖德流芳。如果懂得學習孔子的求學方法，了解孔子如何傳承古道，對我們人生會有很大的幫助。

本章提問

一、孔子進入太廟，每事問，問的內涵包括哪些？

二、孔子回答此問即是禮，背後的含意為何？

三、好問而學，對學習有什麼好處？

第十六章
在比賽中展現風度

子曰：射不主皮。為力不同科，古之道也。

字詞解釋

主皮：主張射穿皮革。

為：因為。

科：等級、類別。

白話解釋

　　孔子說：「舉行射禮，是一種禮儀的學習，所以射中目標就可以了，不需要把皮革射穿，甚至偏一點也沒關係。因為每個人的力氣大小都不同，古時候舉行學習禮儀的射箭比賽就是這種精神。」

▌唐瑜凌老師開解

一、運動除了技能，更要講究精神

　　許多運動項目都專注於技能，但是運動家的風度才是運動的重點所在。古代的大射、鄉射、賓射、燕射等射禮，除了比技能，也要看風度、禮節，從射箭中觀人之德，才能藉此找到人才，或作為國家祭祀的助祭者，或提拔為公務員服務人民，可見射禮並不簡單。

二、射箭不主張貫穿獸皮做的靶

　　射可以分軍人的武射，以及軍人以外的文射。武射不只要中靶，還要貫穿獸皮；文射重點在觀德，並不主張射

穿靶皮，所用的力道與武射不同等，這是古道，也就是要在品德、風度、禮節上去講究。

三、各行各業都有道

　　射箭有道，各行各業也是如此，例如茶道、花道、商道、醫道，甚至所有運動項目都一樣，在較量當中要保持風度，要有禮儀，還要懂得反求諸己，贏了不驕傲，敗了也不氣餒，這樣才是一個精彩的人生。

本章提問

一、運動除了技能的較量，更重要的是？

二、孔子說射禮不需要把皮革穿透的理由是？

三、從本章如何推演到其他各行各業的道？

第十七章
儀式感的重要

子貢欲去告朔之餼羊。子曰：賜也，爾愛其羊，我愛其禮。

———— 3.16

字詞解釋

告朔：古代天子在季冬時，以來年每月的政事，修定成政令書，稱為朔政，亦稱月令書，頒告諸侯。諸侯受了月令書後，藏於太廟，自新年一月起，每月朔日，也就是每月初一，供一隻餼羊（餼，音同「細」，餼羊是已殺尚未煮熟的腥羊），祭告於太廟，然後上朝奉行。此外，天子自己也在每月朔日舉行朔禮。《春秋》記載，魯文公六年，閏月不告朔；十六年後，文公又因疾病，而有四次不視朔。文公以後，魯君告朔之禮，逐漸廢弛。後來魯君雖不告朔，但每月初一，仍由執事人員送一隻餼羊供奉祖廟。

白話解釋

子貢認為，告朔之禮既不舉行，何必仍供一羊？子貢不忍見羊枉死，所以想要去除告朔的餼羊。孔子呼子貢的名說：「賜啊，你愛的是一隻羊，我愛的則是告朔之禮。」

章旨

此章言孔子不欲廢告朔之禮，保存此禮能防權臣以下犯上。

▌唐瑜凌老師開解

一、子貢是一位有能力、有事功的人物

子貢對魯國有很大的貢獻，魯哀公十一年，齊國出兵攻打魯國，是子貢解救了魯國存亡之危。《史記》也說，使孔子之名揚名於天下，是子貢的功勞。從本章可以看出，子貢有能力去改變告朔殺羊的禮儀。

二、「告朔」的重要性？

每月頒布月令書，老百姓就能夠依照天時耕作，這在科技不發達、以農立國的時代裡特別重要。此外，周天子以身作則行禮，下至諸侯百姓，對於政令都可以有所依循，不至於各自為政，這是上下一心很重要的禮儀。而每個月的祭祀，也表達了對先祖的傳承。

三、子貢為何要去除告朔的餼羊？

魯國到魯文公時期，國君漸漸地不參加告朔之禮，每個月太廟都空蕩蕩，卻仍照例殺一隻羊，因此子貢認為，不必為了徒具形式的禮節去殺羊。

四、孔子與子貢不同的看法

孔子對子貢說，你是愛這隻羊，因為殺這隻羊已經沒有意義；可是我愛其禮，只要保留餼羊，百姓見了可能會去了解原因，尋求朔禮的意義與價值，後世的人也可見此餼羊而知道有告朔的禮，從而考據，有所收穫；若遇到明君，還有恢復朔禮的可能。一旦連羊都取消不

供，整個告朔之禮等同消失，聽聞告朔之禮的機會也就沒有了，上述關於朔禮的各種好處與功能，就再也找不回來。所以孔子說：「我愛的是告朔之禮。」

本章提問

一、什麼是告朔之禮？

二、子貢為何要去除告朔之餼羊？

三、孔子不欲去除告朔餼羊的理由？

四、有時徒具形式的禮不重要，有時候保留形式是最後一道防線，其中的分寸怎麼拿捏？

第十八章
恭敬與諂媚的區別

子曰：事君盡禮，人以為諂也。

白話解釋

孔子說：「當時的人習非成是，以為依禮事奉君主是諂媚的行為。雖然他人不合禮，但我仍然依禮事君。」

> **章旨**
>
> 此章疾時臣事君，多無禮也。

▋ 唐瑜凌老師開解

一、是恭敬還是巴結？如何拿捏？

對上級恭敬以及幫助他把事情完成，到底算是巴結討好，還是個人應該要有的本分？當中的分寸拿捏並不

簡單，本章是很好的參考。

二、本章歷史背景

本章特別在講魯國，魯國昭公、定公、哀公，都沒有政治實權，權力操縱在三家大夫手中，所以大家對國君並不恭敬。然而孔子依舊事君盡禮，無論擔任哪一類的職位，他所效忠的對象都是魯君，不是三家大夫，在事君盡禮中表達他對國君的敬意、表達他的為公發心，並以此來導正風氣。

三、事君盡禮也會給予諫言

孔子也會向魯君提諫言，所以他的盡禮並不是巴結討好。孔子曾跟子路說，事君之道就是「勿欺也，而犯之」，不要欺騙君王，有時候還要冒犯君王，把該說的話說清楚。〈鄉黨〉篇也記載，孔子在宗廟朝廷議政時是「便便言，唯謹爾」，就是能把話說清楚，態度謹慎恭敬，依照身分對魯君表現應有的尊重。

四、本章可知孔子的行事作風

　　從本章可知，孔子在意的是要有中心思想、要盡本分，不要人云亦云。這要靠博古通今的學問，知道古代的精神，並掌握現代的做法，才不至於食古不化，也不會只想要趕時髦，心中所在意的是贏得君子的恭敬與擁護。至於小人、俗人的嘲諷，則不在考慮之中。

本章提問

一、恭敬跟巴結，中間的尺度如何拿捏？

二、為何當時人們認為依禮事奉君主是諂媚的行為？

三、以知禮聞名的孔子如何應對當時的風氣？

第十九章
管理者與被管理者的相處之道

定公問：君使臣，臣事君，如之何。孔子對曰：君使臣以禮，臣事君以忠。

— 3.19

人物介紹

魯定公：魯國第二十五任君主。他是魯昭公的同父異母的弟弟，承襲魯昭公擔任該國君主，在位十五年。

白話解釋

魯定公問孔子：「國君應該要如何領導臣子，使用臣子？臣子應該要如何事奉國君？」孔子對魯定公說：「國君要以禮來對待臣子，凡事當依國家所定的規矩而行；臣子應以忠誠對待國君，要盡其應盡的職責。也就是君臣相待，各盡其道。」

▌唐瑜凌老師開解

一、禮是自動自發不是逼迫

　　禮就是人跟人之間交往應有的分寸，表現在生活上是一種公德心，讓人能夠自我約束，不需要法令的要求、刑罰的威嚇與逼迫。民主之下能夠有禮，才是有人情味的民主，可以為對方著想，近悅遠來。

二、本章之問十分重要

　　朝廷之治就是天下之治，朝廷之亂就是天下之亂，所以不能小看君臣的相處之道，事業上老闆與管理階層的相處也是一樣。

三、君使臣以禮

　　「君使臣」就是國君驅使臣子要以禮。例如為大臣

安排下屬，讓大臣可以專心規劃大方向；對一般的臣子多多給予體恤，用禮節表示對他們的尊重，不是為所欲為地把臣子當奴才。此外，還要「舉直錯諸枉」，把有能力、有公心的人安排在上位。

四、臣事君以忠

臣子對國君的禮以忠最為重要。忠於君是因為國君代表國家，關係全民福祉，所以好好地替他辦事，但並不是愚忠。古之大臣以道事君，三諫不從則可去，也就是《論語》中孔子所說的：「勿欺也，而犯之。」臣子不應欺騙國君，而為了規過勸善，有時會冒犯他，這種勸諫可以維持大家對國君的尊重，促使國家欣欣向榮。

本章提問

一、君臣之間該如何相處？

二、臣子以道事君，若君上昏庸無能，不接納諫言，臣子如何應對？

三、本章套用在職場上，帶給您什麼體會？

第二十章
《詩經》一開篇就美好

子曰：關雎樂而不淫，哀而不傷。

字詞解釋

關雎：是《詩經·國風·周南》的第一篇詩，內容是說文王思得淑女，以為后妃。詩的一開頭，就是「關關雎鳩」，詩人以雎鳩所鳴的和聲，興起文王思求后妃之意。后妃必須是賢才，始得採取荇菜，供祭宗廟，故求淑女，以為匹配。求得之後，鐘鼓樂之。求之未得，寤寐思服，以至輾轉反側，其情可哀。然而，其樂是為得賢內助而樂，其哀是為未得賢內助而哀。樂是鐘鼓樂之而已，哀亦是輾轉反側而已，皆不過分。所抒哀樂之情，不淫不傷，而得其正。其求配偶，如此謹慎。所以〈詩序〉認為，可以風勸天下，端正夫婦之倫。

白話解釋

孔子說：「〈關雎〉這篇詩，說到樂處，而不至於過分；說到哀處，而不至於傷身。」

章旨

此章孔子讚關雎之篇，哀樂不失其正。

▌唐瑜凌老師開解

一、《詩經》的重要

中國的六經，開首就是《詩經》，詩溫柔敦厚，意在言外。所以讀《詩經》，除了欣賞其優美的文詞，還要通達旨趣。這些詩之所以可以納為經學，就是因為其中諸多義涵都符合聖人治世的要義。

二、〈關雎〉重在五倫關係

《詩經・國風・周南》：「關關雎鳩，在河之洲，窈窕淑女，君子好逑。」代表淑女跟君子的相合，這是五倫

關係的開始，是家庭的開始，家庭是整個社會的根本單位；家庭健全，社會與國家才健全，所以儒家看問題是看到根本處。

三、樂而不淫，哀而不傷

　　樂是因為找到好的對象，能夠承上教下，夫妻相輔相成，不是貪於美色。周朝就是因為開國的國君得到賢良的夫人，才能維持八百年的天下。在〈大學〉裡面說：「宜其家人，而後可以教國人。」夫婦相處得很好，能夠調和家庭與家族，以此教導國人，將使得整個社會的家庭關係都趨於和諧。

四、哀而不傷

　　還沒有找到賢內助，有所不足，所以有哀思，但是因為不是追求慾望，所以不會心思混亂傷害了自身，所謂：「發乎情，止乎禮」。本章告訴我們娶妻要娶德，這才是國家政治的根本，也是〈關雎〉這首詩的意趣所在。

本章提問

一、《詩經・關雎》闡述的內容是什麼？

二、何謂「樂而不淫，哀而不傷」？

三、《詩經》有何重要性？

第二十一章
解開宰我與魯哀公密碼式的對話

哀公問社於宰我。宰我對曰：夏后氏以松，殷人以柏，周人以栗。曰：使民戰栗。子聞之，曰：成事不說，遂事不諫，既往不咎。

—— 3.21

字詞解釋

社：古時祭土神，要立一木，以為神的憑依，此木稱為社主。

白話解釋

在魯哀公四年六月，神社發生火災，哀公表面上想要再立社主，於是以社主的事情請教宰我，實際上是想要誅除三家權臣而不敢明說。宰我立即知道他的用意，也用隱語答覆哀公。宰我說：「做社主所用的木料，夏代用松，

殷代用柏，周代用栗。」宰我又說：「栗的意思，在使人民恐懼戰栗。」後面補上這一句，暗示三家可誅。孔子聽完哀公與宰我的這段問題，便說：「哀公失政，三家專權的局勢形成已久，再說無用。凡事已成定局，就不必說了（成事不說）。再者，事情已經發展到某種地步，事雖未成，但已無法挽回，也就不要再勸了。三家已經遂心成事，宰我今對哀公進諫，為時已晚，不如不諫（遂事不諫）。宰我對哀公說的話，雖不適當，或恐禍及魯君及孔門，然而已經說出，我也不追咎宰我了（既往不咎）。」

章旨

此章明三代各以所宜木為其社主，宰我不知時宜而妄對，孔子雖言既往不咎，實則暗責宰我的失言。

▎唐瑜凌老師開解

一、本章歷史背景

魯哀公時，政治實權仍然掌握在三家大夫的手裡，哀公想要討伐他們，可是不好明說，所以有這一章的對話。魯哀公四年，神壇失火，哀公表面上問宰我，神壇要種什麼樹木為主，其實另有所指。

二、認識宰我

宰我，姓宰，名予，字子我，魯國人，孔子弟子，善於言語。宰我是孔門十哲言語科代表之一，他曾經藉由三年之喪的提問，讓孔子說出守喪三年的意義。宰我是一個能夠辦理內政的人才，孟子說他的智慧足以知聖人。至於宰我晝寢的故事，其實是他刻意如此表現，讓孔子有機會能教訓那些萎靡不振的弟子們。

三、宰我借題發揮

周朝人以栗樹為神壇的社主，宰我知道魯哀公提問的用意，所以借題發揮，特別說了一句：「使民戰栗」。其

實種栗不是要使民戰栗，宰我藉此表明，他願意幫助魯哀公除掉三家大夫，讓國家能夠振作。

四、孝悌之道可用於為政

孔子對於宰我跟魯哀公的對話，提出三個觀點。第一「成事不說」，魯國國君已失政多年，早已不是三家大夫的對手，已成的事情就不要再說。第二「遂事不諫」，宰我不應再勸諫魯君去討伐三家大夫。第三「既往不咎」，宰我說話不得體，可能會惹上殺身之禍，甚至讓孔門遭遇障礙，沒有辦法為國家效力，但是這樣的過失已經發生，孔子也不再追究。孔子這一段話並不代表三家不必討伐，而是當時的時機不宜，如此講話是自害害人。

本章提問

一、魯哀公表面上以社主的事情問宰我，實際上是想問什麼呢？

二、「使民戰栗」要如何解釋？

三、孔子是否贊同宰我的言論，從何得知？

第二十二章
評論歷史要有就事論事的眼力

子曰：管仲之器小哉。或曰：管仲儉乎。曰：管氏有三歸，官事不攝，焉得儉。然則管仲知禮乎。曰：邦君樹塞門，管氏亦樹塞門；邦君為兩君之好，有反坫，管氏亦有反坫。管氏而知禮，孰不知禮。

—— 3.22

字詞解釋

樹塞門：樹屏風於大門外。

反坫：主賓敬酒後反置酒杯的土台。樹塞門及反坫都是國君專用的禮。

人物介紹

管仲：姬姓，管氏，名夷吾，字仲，齊國的政治家、哲學

家，周穆王的後代。管仲雖然僅是齊國下卿，卻被視為中國歷史上宰相的典範。魯大夫施伯向魯莊公說：「管仲是天下的賢人，非常大器。」因當時有以為管仲是大器者，所以夫子辨之。

白話解釋

孔子說：「管仲的器量小。」有人聽聞，誤以為孔子說的是儉。孔子說：「管仲有三個府庫藏，用以收藏財貨。管事的家臣，各有專職，不互相兼職，違背了大夫雖有家臣，不得每事立官，當使一官兼採餘事的禮制，此皆奢豪不節儉。」

本章另解

孔子說：「管仲的器量小。」有人聽聞，誤以為孔子說的是儉。孔子說：「管仲從朝廷出，有三處府第可歸，且皆有鐘鼎、帷帳等設備及國君賞賜的許多寶物，三處都設有管事的家臣，各有專職，不互相兼職，違背了大夫雖有家臣，不可以每件小事就派一人專任，當使一官兼職餘

事的禮制，此皆奢豪不節儉。」

　　三歸是國君所賜，依禮，長者所賜，不得不受，有人以為管仲知禮，孔子便舉事例辨其不知禮：「國君為別內外，樹立屏風於大門外，而今管仲也像人君樹屏風以閉塞大門，由此可見管仲的驕僭不遜，也是器小易盈之證。另外，兩國國君之間舉行宴會，會在兩個柱子之間設臺子，主人酌酒敬賓，賓在筵前受爵杯，飲畢，各將其酒杯反過來放在臺子上面，稱為反坫。此反爵土臺僅是人君可以享有，管仲不過是大夫，堂上卻有反爵之坫，僭濫如此，是不知禮。管仲如果知禮，則誰會不知禮。」

章旨

此章辨管仲器小，奢華僭禮。

▌唐瑜凌老師開解

一、管仲是誰？

　　管仲姓管，名夷吾，字仲，是齊桓公的宰相，有王佐

之才，齊桓公稱他仲父，將他視為父輩來禮遇恭敬。而管仲也不負桓公期望，在內政上使齊國通貨積財、富國強兵，提倡「倉廩實而知禮節，衣食足而知榮辱」，提倡「禮義廉恥」四維。在外交成就上幫助桓公九次糾合諸侯、尊王（惠王、襄王）攘夷（北征山戎），為當時國際上很有權勢以及很有名望的政治家。

二、孔子說「管仲之器小哉」，是指什麼？

孔子認為管仲有才能，讓周天子的號令行於天下，讓各國的諸侯安於國內，互相幫助，創造出繁榮的天下。但管仲卻只成就了齊桓公的霸業，無法讓諸侯盡本分，恢復尊重周天子以號令天下，所以孔子感嘆管仲的器量小。

三、孔子回應管仲器小並非節儉

節儉有時候是器大，以大禹為例，禹「卑宮室，菲飲食」，對自己的享受很節儉，可是他為人大器。

有人誤以為孔子說管仲器小是指管仲節儉的意思。孔子舉例說明管仲器小並非節儉：「管氏有三歸，官事不攝，

焉得儉？」齊桓公賞識管仲，讓他有三處豪宅來裝各類賞賜寶物，且這三處豪宅都設有專臣，不互相兼職，未免用人過多、過於驕奢。

就著孔子的答覆，此人又產生疑問：管仲三處藏寶之地，皆為國君所賜，長者賜不可辭，管仲接收應該謂知禮吧？孔子便說：「邦君樹塞門，管氏亦樹塞門。」齊桓公樹立屏風，能夠阻絕內外，使外面看不進裡面，有隱蔽性，這是古代國君的規格；而管仲也在自家樹立屏風，享有國君的規格，這是僭越，怎麼能說管仲知禮呢？再舉一例：「邦君為兩君之好，有反坫。」齊桓公招待其他國君時，在兩根柱子之間設有放置酒杯的小土臺，這是國君的規格，而管仲也在兩柱中間設小土臺，規格與國君相同，如果說管仲知禮，那還有誰不知禮呢？意即僭越者都可稱為知禮，請問誰不知禮？

四、如何評論歷史人物

評論歷史人物不容易，若心有成見，加以個人情緒渲染，評論便不能中正和平，如此則有失公道。本章可看出

孔子論人的眼力，就事論事、公正客觀，褒貶有度，能明辨是非善惡。這必須有足夠的知識背景、經學的見地涵養、分辨是非善惡的標準，理智分析以保持客觀公正。

本章孔子論管仲器小，但孔子也曾稱讚管仲「如其仁」，讚美管仲是一位有仁心的人，他九合諸侯、一匡天下，「微管仲，吾其被髮左衽矣」，若沒有管仲，人們便要淪為夷狄，文化的本質及倫常都會發生變化，所以孔子並沒有要抹滅管仲的貢獻。

本章提問

一、就本章來看，器量小是指節儉嗎？試說明理由？

二、孔子舉哪三例說明管仲不節儉？

三、我們要如何培養自己的大器與知禮，開拓自己的出路？

第二十三章
孔子評論一首完備的音樂應具備的元素

子語魯大師樂曰：樂其可知也。始作，翕如也；
從之，純如也，皦如也，繹如也，以成。

字詞解釋

翕：音同「細」，合也，具備的意思。

如也：似也。

從之：音同「縱」，放開。

純：五音和諧。

皦：各種樂器相互配合，音節分明。

繹：餘音嫋嫋，相續不絕。

白話解釋

孔子告訴魯國的大樂師說：「音樂的道理大概是可以知道的。剛開始演奏，就如同鳥初飛，必先合其翼，亦即開始演奏時，必然鐘鼓先鳴，律呂相應，音響興奮熱烈，如同天地之氣聚合一般。鐘聲既作，五聲八音齊奏，彼此和諧，樂聲自此放開，就如同大自然風雨和順一般。音樂發展開後，宮商角徵羽和諧如一，但是各樂器的音節分明，清清楚楚，不相混淆，鐘鼓笙瑟等不會互相侵奪。音樂演奏到最後有尾聲，餘音嫋嫋，相續不絕。一套樂曲，就要在如此的過程中完成。」

章旨

孔子自衛反魯，此時魯國禮崩樂壞，正音不存，孔子見魯之樂官長論樂，使知正音之法。

▍唐瑜凌老師開解

一、孔子在音樂上的造詣與貢獻

孔子不但是大政治家、大思想家、大教育家，也是大音樂家，他曾學琴於師襄子，又向萇弘學習樂理，對音樂是從外相到內涵皆能通達。本章歷史背景是孔子周遊列國回到魯國，使音樂回到正軌，孔子曾說：「吾自衛反魯，然後樂正，雅、頌各得其所」。

二、孔子向魯國樂官評論音樂

本章孔子向魯國的大樂師評論音樂，有助於讓音樂回歸正道。孔子很客氣地說：「音樂的道理大概可以知道吧！」「始作，翕如也」，翕指合羽，開始要奏樂的時候，就像鳥的兩個翅膀合在一起，蓄勢待發，代表奏樂之前，樂器、宮商角徵羽的音階、演奏者等都準備好了，如同今日的交響團，大家各就定位、身心安頓、全神貫注，等待指揮。「從之，純如也」，「從之」指開展出來的時候，「純」指各種樂器，也就是大家奏樂時，音調非常和諧美妙，好似只有一個樂器在發聲。「皦如

也」,「皦」指玉石潔白的狀態、清晰分明,意即樂器雖然和諧,可是又能分辨出是什麼樂器在發聲,能辨認鐘、鼓、琴、瑟、笙等不同的樂器,而且音節分明。「繹如也」,我們一般說絡繹不絕,繹就是餘音嫋嫋,好似抽絲,讓人蕩氣迴腸,感動不已。

三、樂師懂得如此奏樂,產生的效果

音樂調伏人心是潛移默化的,和諧的樂聲能祥和暴戾之氣。樂官懂得禮遇恭敬他人,彼此互助合作影響風俗醇厚,甚至引發修身、齊家、治國、平天下的風氣,古代設置樂官的道理也在此,樂官用音樂來表達事物的美好、勸誡國君推行正道、端正風俗、表達心聲。當樂師懂得善調音樂,融入樂曲,能令聽者難以忘懷,這是音樂無價的本質。所以辦教育、辦政治的為政者,若能了解音樂,將是特殊的領導能力之一。

本章提問

一、孔子對音樂的貢獻？

二、孔子評論一套音樂是如何完備的？

三、好的音樂對社會有什麼樣的影響力？

第二十四章
孔子木鐸的聲音仍清亮地響著

儀封人請見，曰：君子之至於斯也，吾未嘗不得見也。從者見之。出曰：二三子，何患於喪乎。天下之無道也久矣，天將以夫子為木鐸。

—— 3.24

字詞解釋

儀封人：一說是孔子周遊列國至衛國時，在衛國西南邊與晉接壤的儀地守邊疆的官吏。或說是一位不願透露姓名的高人，因此未記載其姓名。

見：本章見字皆讀「現」，引見的意思。

從者：隨從孔子的弟子。

喪：聖道喪亡。

木鐸：金屬製的大鈴，鈴舌為木料。

白話解釋

儀封人求見孔子，怕孔子的弟子不肯引見，於是說：「凡是有道德的君子到我儀地，我沒有不與他相見的。」隨從孔子的弟子，聽封人如此求見後，便引封人見了孔子。封人見過孔子，辭出時，對孔子的弟子們說：「諸位學生何必憂愁道統喪亡呢？天下無道已經很久了，極衰必盛，天將命孔子制作法度，以號令天下。」

章旨

本章記載當時人士對孔子之批評，但儀封人預言孔子將替天宣道，垂教萬世。

▊ 唐瑜凌老師開解

一、儀封人是誰？他如何得見孔子？

本章孔子至衛國的「儀」地。孔子五次入衛，何次經過儀地，我們無從得知。「儀封人」，就是儀地的封人，「封人」是管理當地的小官，不說他的名字，可見他也是

一位在亂世中隱姓埋名的君子。他請見孔子，但孔子不是隨意可見的，儀封人怕孔子的弟子們不幫他引薦，便說「凡是有道德學養、有能力的君子，來到儀地，沒有我見不到的」，此段話的用意，是怕求見時被弟子們阻擋。

二、何患於喪乎，喪應讀平聲還是去聲？

儀封人對孔子的弟子們說：「何患於喪乎？」若讀去聲，就是不必害怕喪失地位，可是孔子離開魯國時，已經不做大司寇了，故此說不通。應該是讀平聲，意思是不必害怕喪亡道統，即孔子周遊列國，與其他政客目的不同，孔子希望得到國君重用，以利推廣正道，推展文化的本質、內涵、氣象。如果各國國君不採用，他就不能夠推展文化道統。但是儀封人說：「何患於喪乎？」讓弟子們不必害怕，理由就是「天將以夫子為木鐸」。

三、天將以夫子為木鐸

天下無道已經很久了，孔子在無道之邦，怎麼可能被重用？但是文化道統不會就此隱沒，叫做「天將以夫子為

木鐸」，「木鐸」是金口木舌的銅鈴，古代搖鈴以宣揚國家的政教，代表老天爺將以孔子宣揚正教。

天有二意，一指統治者，一指天命。天命為治國的本質、核心、中心思想。朝代終會滅亡，可是文化會傳承延續，叫做「天將以夫子為木鐸」，孔子講學授徒、整理典籍、傳承經學見地，都成為未來文化延續的核心。孔子在當時看起來沒出路，其實後面的出路非常寬廣，延續至今，大家還在紀念、學習孔子，這才是真正立國的精神、本質。

本章提問

一、儀封人為何要對孔子的弟子說「君子之至於斯也，吾未嘗不得見也」？

二、儀封人如何肯定孔子？

三、孔子的出路在哪裡？

第二十五章
盡善盡美的開國音樂

子謂韶，盡美矣，又盡善也。謂武，盡美矣，未盡善也。

—— 3.25

字詞解釋

韶：舜帝之樂。

武：周武王之樂。

白話解釋

　　孔子評論：「舜帝的音樂盡美又盡善。武王的音樂盡美，但未到完善的境界啊！」

　　作樂是表彰王者得天下的功德，必與事實相符。舜的天下，受禪於堯，又能親致天下於太平，所以其樂章氣象恢弘，雍容和穆，不但聲調、舞容極其優美，樂章

的造詣也極其完善，所以是盡美盡善。而武王有天下，是由於伐紂而得，其音樂演奏起來，音曲及舞容極其優美，然樂曲中猶有殺伐之聲，因此他的音樂不如舜的音樂那樣調和，仍未盡善。然武王伐紂，深受孔子、孟子稱讚，此處是指武王之樂，而不是指武王之德。

章旨

此章論韶、武之樂。

▌唐瑜凌老師開解

一、開國樂曲的內涵

一個國家開國時，會有開國的音樂，相當於現在的國歌。國歌表徵一國的氣象，對內可以凝聚民心、促進團結，對外則表徵國家的歷史、特色，古書上說：「王者功成作樂」，國君統一天下後，會作樂表徵他對上天的尊崇、對祖先恩德的延續。

二、孔子評論韶樂

韶樂是舜帝的音樂，韶者紹也，意即繼承堯的道統。孔子聽韶樂「三月不知肉味」，可見其專注之深、領悟之廣。孔子評論韶樂「盡美矣，又盡善也」。盡美指的是音律、音調、藝術內涵，皆完美莊嚴，富有氣象；盡善指的是內容，韶樂表徵舜很平和地繼承王位。

舜在堯帝座下歷練三十年，最後登基，四海歸心、萬邦臣服，延續堯的道統，讓老百姓生活安穩無憂。中國的帝王只有舜，是平和地從堯手上接天下，再平和地把天下交出去，他的音樂表徵禪讓政治、公天下的思想，渾厚而有內涵，其他朝的開國音樂，再怎麼渾厚，內涵上都難免遺憾。

三、孔子評論武樂

韶樂是優美，武樂是壯美。孔子評論武樂「盡美矣，未盡善也」，武樂的藝術形式、音調、音律皆非常莊嚴，但未盡善，因為武王是革命而有天下，故音樂有殺伐之聲，這並不是批評周武王，而是說他開國只能是這樣的開國。

在韶樂的樂曲中，沒有暴民、沒有兵器、沒有刑罰，而諸侯臣服，一片和諧。武王以干戈開創天下，所以盡美當中難免有瑕不掩瑜的遺憾之處，所以未盡善；但武王伐紂是順天應人，讓老百姓免於水深火熱的恐懼，能夠安居樂業。

本章提問

一、孔子為何認為武樂盡美，但未盡善？

二、我們應如何看待武王伐紂一事？

三、我們如何經營盡善盡美的人生？

第二十六章
居上位者要重視這三件事

子曰：居上不寬，為禮不敬，臨喪不哀，吾何以觀之哉。

—— 3.26

白話解釋

孔子說：「居上位的人，應有寬宏的度量，不寬厚則傷厚道而民不親，故不得眾。行禮應該以恭敬為主，若沒有恭敬心，則依禮而行的威儀與進退之節都不足觀，人民也不會尊敬，失去禮的意義。到喪家去祭弔，應該要有哀傷之情，若沒有哀色，則顯得無情。居上位者有這三種過失，這個人就不足觀了。」

章旨

孔子論凡事應當務本。居上以寬為本，為禮以敬為本，臨喪以哀為本。

▌唐瑜凌老師開解

一、上位者要懂得寬厚

「居上不寬」，居上可以指天子、國君、大夫等，只要是領導者皆可稱居上。居上要懂得寬厚，《論語》上說「孝慈則忠」，上位者對父母盡孝，又懂得慈愛百姓，便能使民盡忠，可見有容乃大、寬厚仁慈的人會贏得他人的忠心。

仲弓曾問孔子為政之道，孔子回答「先有司，赦小過」，意即先分配職務，權責分明；如果人民有小過失，可以饒恕。

寬宏的度量是各級領導人必備的素養，如果居上者的本質學能很好，有領導統馭的知識能力，可是個性狹隘急躁、自私自利，則這些能力都無用。並不是居上只有寬，而是居上若不寬，其他相關的能力發揮不了功能。

二、禮講求恭敬心

「為禮不敬」，五禮為吉凶軍賓嘉，祭祀、喪事、軍隊的維持、迎賓禮節、佳節賀禮等，都要禮的維繫，講究

進退應對、辦事方法、分寸、內涵,若為禮沒有恭敬心,心不在焉、輕佻馬虎、裝模作樣,則這些禮通通沒有用。

如果有敬,不管在軍禮、祭禮,或其他場合上,都能跟他人結到善緣、維持秩序,使事情圓融到位。

三、臨喪要有哀色

面臨喪事要有哀戚之情,《論語》言:「子食於有喪者之側,未嘗飽也。」孔子在服喪者的旁邊吃飯,從未吃飽過,代表與服喪者同哀,感同身受。而面臨自家的喪事,就算辦得很盛大、儀式完備,若沒有哀戚之情,那麼這些虛套就沒了意義,因為哀戚之情是本質,它是一種感念追思之情,一種懷念恩德的心。

四、領導者必備的基本素養

領導者若具備同理心、感念心,在禮上能夠表達恭敬心,寬厚待人,則他的學問、道德、能力、知識背景、領導統御、人情世故通通能發揮功能。此人在家能妥善持家,在外辦事業必定是一位成功的事業家,成為國家領導

人時，也必定是位合格的領導者。

本章提問

一、本章孔子說領導者必須具備的素養為何？

二、禮最重要的是什麼？

三、面臨自家喪禮，為什麼哀戚之情比場面隆重盛大還

重要？

里仁

第一章
買房的首選條件

子曰：里仁為美，擇不處仁，焉得知。

字詞解釋

知：音義同「智」，智慧。

白話解釋

孔子說：「居住在仁者所居的鄉里，可以相觀而善，與仁人共住是件美事。一般人容易被影響，遇善則善，遇惡則惡，如果隨意而居，不選擇仁者所居之里，不與仁者共住，哪裡稱得上智者呢？」

章旨

此章言選擇居住地點必須選擇仁者所住之里。

▌唐瑜凌老師開解

一、〈里仁〉篇名的意義

　　《三字經》說：「論語者，二十篇，群弟子，記善言」。《論語》每一篇的篇名是該篇開首的前兩個字，再匯入許多相關章節。上一篇〈八佾〉篇較多談禮，〈里仁〉篇較多談仁。

　　《論語》中共有五十幾處談仁，從中可看出孔子如何定義仁，以及仁的形象、仁的生起、行仁的方法、仁人君子應有的風範等，這些都可以幫助我們進德修業。

二、什麼是里仁為美

　　古代二十五家為一里，是最基本的行政區。「里仁為美」的里，可以當名詞，也可以當動詞。里當名詞，解釋為「仁人之里」，即此地住的都是仁人君子居多，其風俗必然淳厚。里當動詞，解釋為「選擇」，「選擇仁人居住的地方」是很美好的，包括可以跟朋友切磋琢磨、進德修業，共同創造有意義、利人的善事或事業，進而影響社會，使風俗淳厚，美事非常多。

三、選擇居住在仁厚之里，是有智慧的人

「擇不處仁，焉得知」，「擇」當名詞是「住宅」，住宅如果不居住在仁厚之里，怎麼稱得上有智慧呢？「擇」當動詞是「選擇」，不選擇仁人所居的區域環境，怎麼算是有智慧的人呢？古語所謂「千金置宅，萬金買鄰」，又如孟母三遷，皆是選擇仁者所居之里而住。擇仁還可以引申為選擇朋友、配偶，乃至職業，皆須擇仁，心態也須擇仁為安住處所。

四、環境學習的重要

古人說「近朱者赤，近墨者黑」，與上等人接觸，很努力可以變成中等人或上等人；與下等人接觸，不知不覺就變成下等人。孔子的人才團隊，便是讓中等、下等資質的人，親近團體後，不知不覺就變成中等、上等資質。像高柴本是愚直之人，曾子本是魯鈍之人，但加入團隊，與仁人相處後，高柴成為賢人，曾子成為聖人，可見團隊引導、環境氣氛的重要。而現代的里仁為美，還包括媒體、網路以及各種資訊的傳播，都要慎重選擇，才稱得上是有

智慧的人。

本章提問

一、住在仁人之里有什麼好處？

二、孔子如何培養學生成為中等、上等資質？

三、選擇仁人、仁心、仁術、仁事有何出路？

第二章
智者和仁者的心安之處

子曰：不仁者，不可以久處約，不可以長處樂。仁者安仁，知者利仁。

— 4.2

白話解釋

孔子說：「沒有仁德的人，不可以久處於貧困，久處貧困則為非作歹。不可以長處於富樂，長處富樂則驕奢淫逸。仁者天賦仁厚，為仁不求回報，只為心安理得。仁者即使行仁獲罪，也不後悔，有智慧的人知道行仁能利益人群，利益人群才是利於自己。仁者、智者對仁有深淺體會，然而都不是外物所能奪取的，所以可以久處貧困或常處富樂而不失仁。」

▋ 唐瑜凌老師開解

一、不仁的人，不可以久處貧困

　　不仁者指自私自利，或者耍心機、權謀者，這樣的人能力愈強，愈容易作惡。不仁者若待在貧困久了，容易產生非分之想。「君子固窮，小人窮斯濫矣」，小人窮困，容易為非作歹、鋌而走險，無所不用其極。

二、不仁的人，不可以久處安樂

　　生活的安樂會使人驕奢淫逸，而產生很多非分的想法，例如男歡女愛、賭博、電玩、利益的追逐、商業的貪婪、武器的製造等，敗壞風俗，造成世界恐慌。

三、仁者能安住在仁上，智者知道行仁對自己有益

仁者安仁，因為他知道行仁的好處，能安在仁上，心裡面所想的都是利他、充實自己，所以這種人可以久處貧困，就像顏回安貧樂道，「簞食瓢飲，居陋巷，人不堪其憂，回也不改其樂」，也可以長處安樂。

知者利仁，智者知道行仁對己有利，貧困時行仁能夠充實自己，等待時機。富貴時行仁資源多、人脈廣，更能發揮行仁的功能。所以人生的出路不在貧富貴賤，而在心態的利他，這種快樂能取代世間追求名聞利養的快樂，能對治在貧困中的煩惱。

仁者、智者在很緊急，或是顛沛危險的時候，都能夠安住在仁上，只不過智者是以知見、見地了解行仁對他的利益。「仁者安仁」可以說是「生而知之」，「智者利仁」可以說是「學而知之」。

清朝大儒李二曲說：「我們要先從智者利仁，逐步地修成仁者安仁，這些都要透過好學。」這樣的人懂得生活、事業、朋友、老師、環境、伴侶的選擇，不會在安樂中迷失自己，是為「富貴不能淫」，也不會在貧困當中憤世嫉

俗，退失道心，是為「貧賤不能移」。

本章提問

一、為什麼不仁的人，不可以久處貧困，也不可以久處
安樂？

二、仁者為什麼可以安仁？智者為什麼可以利仁？

三、仁者、智者都可以安住在仁上，他們的差異是什麼？

第三章
仁者有公仇但沒有私怨

子曰：唯仁者，能好人，能惡人。

4.3

字詞解釋

惡：音同「物」，厭惡。

好：音同「號」，喜好。

白話解釋

　　孔子說：「仁者是有公心的人，不會像一般人容易感情用事，但憑個人私慾而生愛憎。仁者有智慧，懂得約束自己，使每件事都歸於禮，仁者不會隨便討好人，一切站在公心出發，以公來權衡得失。所以唯有仁者，能審查人的善惡而喜好他或討厭他，如此，善人能得利益，使善道光明昌盛，而惡人得到懲戒，使惡行消失匿跡。」

▊ 唐瑜凌老師開解

一、喜歡跟討厭，到底是好的情緒，還是壞的情緒？

〈中庸〉說：「喜怒哀樂之未發，謂之中；發而皆中
節，謂之和。」喜怒哀樂的情緒，若是用在對的地方，且
發揮恰到好處，就能創造和諧。

二、唯有仁者，能好人、能惡人

仁者是渴望自己成就，也渴望幫助他人成就的人，
唯有幫助自己與他人成為人才，才能真正改變命運。

唯有仁者能審查人的善惡而喜好他或討厭他，而這種
喜歡跟討厭是合情合理的，有助於品德發展，有助於對方
改正過失，有助於自己見地的建立，有助於風俗敦厚。

「能好人」的「人」包括不侵犯他人的好人、想要利

益他人的善人、能夠承擔的君子，以及有內在涵養修為的賢人、聖人。「能好人」，就是能跟這些人成為朋友，扶持、幫忙他們，當他們受到毀謗的時候，還要懂得分擔毀謗，以及一起共造善業。

唯有仁者能惡人，「能惡人」的「人」包括壞人、惡人和小人，特別是自私自利、逢迎拍馬、諂諛、不以禮制來做事情的小人。惡包括對治、默擯這樣的人，對治就是處置、懲罰，默擯就是沉默，保持距離。

三、孔子是否有好惡

孔子也有好惡，《論語》中說「君子哉若人，尚德哉若人」、「賢哉回也」、「大哉堯之為君」、「禹，吾無間然矣」、「泰伯可謂至德」等，這些都是孔子的所好。孔子的惡，最有名的是在任大司寇時，於兩觀台上殺了少正卯，因為少正卯行為乖僻、言語詭辯、心思陰險、顛倒是非，使風氣大壞。惡不只是厭惡惡人，還厭惡這些惡人所創造的惡事、惡風氣。

四、人生要有好惡

人生要有好惡，但是要以經學見地為背景來生起好惡，並懂得適可而止，例如對方若是小人，處理時就要懂得拿捏分寸，避免他狗急跳牆。確立好惡，就能夠導正社會風氣，導正好人跟壞人，有助於大家成為好人，擁有好的品德、學問，並且培養能力來做好事。

本章提問

一、有情緒是好事還是壞事？

二、仁者以什麼依據來好人、惡人？

三、好惡在什麼時候顯露出來？什麼時候得隱住不發？

第四章
仁者就事論事，不存在個人好惡

子曰：苟志於仁矣，無惡也。

字詞解釋

惡:可有兩種讀音,讀「餓」,表示不善的、壞的;讀「物」,表示厭惡。

白話解釋

(解法一)

　　孔子說：「誠然能存心在仁,一心嚮往仁德的人,自然不會有壞的念頭和不好的行為。」

(解法二)

　　孔子說：「誠然能存心在仁,一心嚮往仁德的人,便

不會憎惡他人。志於仁者，能以仁厚待人，遇好人，固然能以善心待之；遇惡人，也能以善心勸他改惡向善。」

章旨

本章與上章文義相承，上章言能好人之善，能惡人之惡，一切出自公心。本章是無個人之好惡，就算此人昔日為惡，只要肯改邪歸正，改惡向善，無不接納，謂之仁者無敵。依解法二更佳。

▌唐瑜凌老師開解

一、「苟志於仁矣」之義

「苟」即「如果」或是「誠然」。「志」的造字，上面為士，下面為心，即讀書人的心。故「苟志於仁矣」解釋為：誠然此人（讀書人）能夠志於仁，能夠立志於利益天下蒼生，來培養自己的能力，就能「無惡也」。讀書人立志利益他人的範圍，可以從家庭、團體，擴展到社會、國家。仁還包括各式各樣能力的培養，並在世俗上取得職

位，來服務大眾。仁心事業能力的培養，以及仁心事業的達成，都是他一心嚮往追求的，若非讀書人，不會有這樣的心志。

二、「無惡也」，惡的讀音

「無惡（讀餓）也」，宋儒的講法是「苟志於仁者，不會做壞事」，但此章若是這樣解，則不深刻。另一個解釋是，「不會以惡衣惡食為恥辱」，就算吃得不好、穿得不好也不會覺得恥辱，不會認為自己很可憐，也不怕過苦日子，「簞食瓢飲，居陋巷，人不堪其憂，回也不改其樂」的顏回便是代表。第二種「無惡（讀物）也」，也就是沒有我厭惡的人，能厚待一切相處的人，像孔子的有教無類，即是同等對待所有來學習的人。又如帝舜的父親頑劣、母親陰狠、弟弟驕傲，帝舜都沒有討厭他們，而是想辦法導正父母兄弟，這是他孝子的心志。故日後他成為國家領導人時，不會以個人的好惡來區分他人，能夠大公無私地看待每一個人，心胸寬闊，這是苟志於仁的胸懷。

三、與上一章「唯仁者，能好人，能惡人」合看

「苟志於仁矣，無惡也」，就是沒有他厭惡的人，而前一章孔子卻說「唯仁者，能好人，能惡人」，仁者有喜好與厭惡的人，兩說是否矛盾？其實不然，「苟志於仁矣，無惡也」是指志於仁者，不會因為自己的私欲或個人名聞利養的追求而有厭惡與喜好。這樣的人「能好人，能惡人」，意即他在任用人時，能夠遠離小人、親近君子，像孔子遠離陽虎、親近蘧伯玉。所以這兩章合讀，才能看到「苟志於仁」真正的胸懷。

本章提問

一、讀書人的心志是什麼？

二、「無惡也」的讀音及解釋有幾種？您認為哪一種最好？

三、本章與上一章「唯仁者，能好人，能惡人」是否矛盾，為什麼？

第五章
君子連吃飯也不願意忘掉的…

子曰：富與貴，是人之所欲也。不以其道得之，不處也。貧與賤，是人之所惡也。不以其道得之，不去也。君子去仁，惡乎成名。君子無終食之間違仁，造次必於是，顛沛必於是。

— 4.5

字詞解釋

所惡：惡，讀「物」，厭惡。

惡乎：惡，讀「烏」，何。乎，語助詞。

造次：緊急倉促。

顛沛：倒下、傾倒，受到挫折。

白話解釋

孔子說：「財多與位高是人所貪戀的，但必須取之有道，才是可居可取。如果不是以仁義之道而得財富權貴，仁者不居不取。反之，無財無位，生活貧困是人所嫌惡的。君子行道，應當得富貴，卻反得貧賤，此時賢能的君子深知，時代有否有泰，在否閉不順的時候，君子雖有能力去除貧賤，但如果必須捨去所行的善道而得富貴，則寧願守善道，也不去除貧賤。

君子捨棄了仁心仁事，如何堪稱君子之名，君子既然不可以捨去仁，則須經常保持仁心，在平常即使一頓飯的時間，也不能違背仁心；在最匆忙、遇到緊急問題的時候，心必定安在仁上；在遭遇危險，甚至面臨死亡之際，他的心也必定安在仁上，可見君子無時無刻皆不離仁心。」

章旨

此章言君子行義存仁的形象。

▍唐瑜凌老師開解

一、不是以仁義之道而得的財富權貴，仁者不居不取

富貴與貧賤都不一定是壞事，也不一定是好事，君子處富貴、處貧賤都是好事，小人處富貴、處貧賤是壞事。

富是有錢，貴是地位高，富貴是人之所欲，但如果是用諂媚、巴結、討好、走後門等種種巧取豪奪的手段而得來的富貴，則不取。以不正當手段得來的富貴，容易得罪他人、患得患失，甚至他人也用同樣的方式對待你，所以孔子說：「不義而富且貴，於我如浮雲」。

二、君子行道而得貧賤，寧守其道，不去貧賤

貧與賤指生活困苦、地位低賤，沒有學習的資糧，很多生存條件不具足，受他人輕視等。如果君子利他反而得到貧賤，可能是因為時機、政局等緣故，此時就安於貧賤。像顏回「簞食瓢飲，居陋巷」，孔子一生道不能推展，落難他邦，也是「飯疏食飲水，曲肱而枕之，樂亦在其中矣」，能安於貧賤，豁達自處。

三、君子在任何時候，都不違背仁心

仁是君子的本質，有仁才成就君子之名。君子在任何時候都不違仁，即便是一頓飯之間也不違仁，在一頓飯中忘失向道之心是很容易的事，因為人的基本慾望是要維持生存，容易貪求口腹之欲。在吃飯時要如何用心呢？不論眼前是美食、粗食都沒關係，用餐時要想到的是讓身體健康以服務人群，經營有利於人生的事業，所以連吃頓飯，都是在資助、長養自己的仁心。

甚至於「造次必於是，顛沛必於是」，在造次、顛沛之時都能維持仁心，造次指緊急倉促的時候，顛沛是指遭受挫折、艱難。很多人在緊急倉促時會原形畢露，能沉得住氣、忍得住，表示此人定力夠、能耐得住性子，所謂「板蕩識忠臣」、「亂世識英雄」，像是文天祥在狹小的監獄中，性命岌岌可危的狀態下，反而磨練他的道心，使他正氣充足。道有時候是在逆境中養成，順境中學習，經得起考驗才是真正君子的能耐。孔子周遊列國便是藉著各種境界磨練弟子的道心，訓練仁心的養成與維持，培養弟子的眼界、胸懷、心量，回到魯國時能做經學的傳承者，這才

是孔子真正的目的。

　　出路是在內心上說，當內心有出路時，外境上可以選擇有出路，也可以選擇沒出路。選擇有出路是因為道可以推展，道不能推展時，寧可選擇沒出路，以免傷害道。

本章提問

一、如何看待不是以正道取得的富貴？

二、什麼是以正道取得的富貴？

三、哪些狀況考驗君子的仁心？

第六章
成為孔子想見的人

子曰：我未見好仁者，惡不仁者。好仁者無以尚之。惡不仁者，其為仁矣，不使不仁者加乎其身。有能一日用其力於仁矣乎，我未見力不足者。蓋有之矣，我未之見也。

—— 4.6

字詞解釋

惡：音同「物」，厭惡。

好：音同「號」，喜好。

白話解釋

　　孔子說：「我沒有見過以行仁為所好的人，也沒有見過遇見不仁之人就厭惡的人。喜好仁德的人，凡事皆依於仁，是實行仁德的上等者，好到無以復加，無人能更勝於

他。厭惡不仁的人，便不會親近不仁的人，所以不會讓非禮不仁的事加在自己身上。有誰能在一天當中用他的力量努力行仁呢？如果有人能夠一日力行孝悌忠信，就接近於仁了。孝悌忠信有淺有深，人人都能多少盡一己之力。或者有人肯用力於行仁而苦於力不足的，但我終究未見到過這種人。」

> **章旨**
> 此章是孔子勉人努力實踐仁道，不要自暴自棄。

▍唐瑜凌老師開解

一、誰是孔子想要見卻見不到的人物？

好仁者就是內心裡面很喜歡仁，這是孔子想見的人物。〈大學〉裡面說「如好好色」，一般人很喜歡美色，孔子到衛國去的時候，見到衛靈公寵愛南子，很感嘆地說：「我未見好德如好色者也。」如果有人好德像好色那般用心，那學問與能力一定可以培養起來，也能夠跟

眾生結很多的善緣，人生的出路無可限量。好仁者是「無以尚之」，就是沒有能夠超過他的，這種人內心很純粹，難以跟他匹敵，是無以復加的最高境界，此人能夠在家庭、社會、國家裡面，為大眾帶來很多的利益跟快樂，可惜這種人孔子未見。

二、惡不仁者也是孔子想見的人物

惡不仁者的形象是「其為仁矣，不使不仁者加乎其身」，意思是不會跟不仁的人做朋友，這是在人上面說；若在事情上面說，這樣的人不會讓不仁的事情加在自己身上，所以會「戰戰兢兢，如臨深淵，如履薄冰。」〈大學〉裡面說「如惡惡臭」，面對惡臭我們會立刻掩鼻遠離，對於不仁之事也應如此厭惡，但這種厭惡只是不希望自己的仁心被傷害，心中仍然對別人充滿同情，但不與小人為敵。至於事情到底合不合於仁，這需要有強大的知識背景，以培養判斷的眼力，就像《了凡四訓》中對於善惡有心態和做法等多面向的分析。

三、智仁勇的實踐

本章若與三達德相對，「好仁者」就是仁，「惡不仁者」的分析能力是智，「一日用其力於仁」就是勇。一日的時間很短，哪怕是一日，在心上用力，在體力上用力，孔子說他未見力不足者，意思是告訴我們，一生行仁很難，我們可以勉勵自己在這一天中行仁，好比佛家有一日禪，我們可以發現，一天的努力是可以辦到的，就看是否有心。孔子最後很客氣地說，或許有一天用不上力的人，可是我沒見到。

四、本章的三個未見

第一個是未見好仁者跟惡不仁者；第二個是未見一日行仁而力不足者；第三個未見是，或許真有力不足者，可是我未見。

三個未見告訴我們仁和智的可貴，以及實踐仁的勇氣並不困難。我們如果懂得把大目標拆成很多的小目標，一天一天去完成，就會發覺到自己的能力愈來愈強，心力愈來愈能承擔，也會愈來愈有信心。孔子的未見就是期許讀

者、期許學生們能夠自我勉勵，變成孔子想見的人物。

本章提問

一、本章孔子想見到什麼樣的人物？

二、本章如何與智、仁、勇三達德相對應？

三、顏回是好仁者，子路是惡不仁者，為什麼孔子說未見？

第七章
從過失中觀察動機與人品

子曰：人之過也，各於其黨。觀過，斯知仁矣。

白話解釋

（解法一）

孔子說：「人們所犯的過失，各因其個性的類別而有所不同，不能一概而論。例如農夫不能耕田是他的過失，若不能文書則不是他的過失。觀人的過失，要能隨類而責，不求備於一人，則知此觀過之人是有仁心的人；若不依類而責，例如責備農夫不能文書，則知這種觀過者是不仁的人。」

（解法二）

孔子說：「人的過失是由於偏袒自己的親戚朋友，互

相為對方隱瞞過錯，這樣做雖然有過失，但正直、仁義就在其中。人的過失，雖各有不同，但觀其動機，就能知道他的人品。」

▌唐瑜凌老師開解

一、知道犯過者的仁心

黨，可以指朋黨，就是朋友宗族的關係。在這樣的關係上，有時候會偏袒親友、會以私害公。看到這種過失，還要去辨別，哪些是不能原諒的，哪些反而是犯過者的仁心！例如孔子家鄉中，某人家父親順手牽羊，兒子掩蓋父親的罪過，看起來是不正直，孔子卻說這才是真正的正直之道。孟子也說，如果舜的父親瞽瞍造罪，舜會到監牢裡將他救出，然後拋棄國君位子，帶著父親逃亡，這個過失

正彰顯舜的孝道。孔子也曾經為了隱諱魯昭公娶同姓女子的過惡，而向陳國的大夫說謊，這樣的過失，其實是禮上所必須，所以觀孔子之過，反而知孔子之仁。這種觀過的智慧，必須要有經學的智慧、知識背景和經驗閱歷。

二、知道觀過者的仁心

黨也有黨類的意思，例如泥水匠一類，應該要把房屋蓋好，但不能要求他把文書寫好，不能求全責備，這也是觀過知仁的意思；不對他人苛求，正好顯示觀過者的仁心。人非聖賢，孰能無過？蘧伯玉尚且寡過而未能，孔子謙言學《易》希望無大過，顏回也是不貳過。人都會犯過，有些過失不能責備，反而需要讚揚。

但是李炳南教授說，這件事情他本來應用誠意去辦，結果只是馬虎了事，這種過失反而要去追究，才是仁的表現。所以有時候別人犯過你原諒他是仁，有時候你不原諒他也是仁。

三、仁心最不簡單

《論語》裡面，孔子很少認可他人有仁心，孔子認可一個人有忠、有孝、正直、清廉，但難以獲得孔子在仁心方面的讚美，因為成就仁心要具備很多德能、還要具有了解仁心的智慧。《尚書‧大禹謨》云：「人心惟危，道心惟微，惟精惟一，允執厥中。」人心是很不穩定的，向道的心是很脆弱的，能夠精純專一，好好用心，好好觀察，好好實踐，信實地以中道的智慧來攝持仁心，這是不得了的聖王氣象。

本章提問

一、本章有哪兩種解法？

二、如何具有觀過的智慧？

三、請舉例哪些過失是要追究的？哪些過失是要原諒的？哪些過失反而要讚揚？哪些過失有時必得要犯？

第八章
不虛此生在聞道

子曰：朝聞道，夕死可矣。

4.8

白話解釋

孔子說：「人在世間，須知為仁之道，方能立己立人。若明白為仁之道，就不會妨礙家庭、社會、國家，此人算是對大眾有利。反之，如果不懂為仁之道，則必害人害己。學仁道固然很難，要聽聞仁道也不容易，若能早晨聽聞仁道，即使夕暮而死，也不虛此生了。」

章旨

此章憂慮人世間沒有求道的風氣，並說人不可以不知「道」。

▎唐瑜凌老師開解

一、什麼是有意義的人生？

　　平平安安過一生，是有意義的人生嗎？轟轟烈烈，成就偉大事功，才是有意義的人生嗎？人生不能只是把每天的時間填滿，要懂得生命的意義。孔子在本章很感嘆地說，人的一生，如果能聞道，那就沒有白來。

二、聞道，是指什麼道？

　　本章所說的道，可以是性與天道或者仁道，但與前章合看，以仁道為主。有仁心的人，會想要去利益天下蒼生，為他們找出路，人生真正的出路是懂得性與天道，所以仁者會認真去學習性與天道的內涵。

三、如何聞道？

　　要成為能聞的人，也要有所聞的道，這是非常不容易的機會，或者身邊沒有這樣的老師、或者遇到戰亂無法學習、或者生在蠻荒、又或者過於享受，都無法聞道。如果真有機會聽聞，除了聽之外，還要跟老師、朋友討

論、切磋、研究、辯證，而且求道有向道的熱情，那才是聞道的形象。

四、聽聞道之後呢？

聽聞道之後要修道，使自己能夠推比出仁道真正的內涵，而不是似是而非的想法，這叫做「比量」通達仁道的內涵。藉由「比量」再進一步使自己真正生起仁心，好像眼見色、耳聞聲、鼻嗅香、這麼清楚地、直接讓仁道顯現，不只是推比而已，穿衣吃飯都有仁道在其中，這是「現量」通達仁道，是極不簡單的成就，即〈中庸〉所說：「道也者，不可須臾離也，可離非道也。」如果能夠聽聞道，雖然沒有圓滿通達，人生也沒有空過；反之，沒有聽過仁道，那將是庸俗的一生，十分可惜。

五、道在患難中更顯可貴

聽能夠了解仁道，就知道如何經營自己的人生，即便遇到逆境，也能安然處之。像是西漢時期，夏侯勝與黃霸一同入獄，照理說在惡劣的環境下，會讓人情緒低落、頻

生煩惱，可是黃霸竟然請夏侯勝教導他經學，當時他就是跟夏侯勝說，「子曰：『朝聞道，夕死可矣。』」這段經文讓夏侯勝很感動。後來漢宣帝繼位重用夏侯勝，夏侯勝推舉黃霸，成為西漢一代的賢臣。所以人生即便遇到困頓，也一定有出路，本章就是人生很秘密的出路。

本章提問

一、對您來說，什麼是有意義的人生？

二、「聞道」是聞什麼道？

三、聽聞道後該如何做？

第九章
聞道比穿衣吃飯重要？

子曰：士志於道，而恥惡衣惡食者，未足與議也。

—— 4.9

字詞解釋

士：指還沒做官的讀書人、知識份子。孔子的教育，在使學者由明道而行道，不在使學者求仕而得仕。若學者由此得仕，也要藉做官以行道，而不是為了謀求個人生活的安穩富裕、尊貴榮華來做官。故來跟孔子學習的學生，孔子必先教他志於道，也就是以道存心。

白話解釋

孔子說：「假使讀書人志在學道，卻因為衣服穿得不好，飲食吃得不好，而覺得羞恥，可見他的心仍然在名利

上，心志還沒確立，那就不足以與他談道。」

> **章旨**
>
> 此章是說人應當樂於求道，不被窮困所繫。

▌唐瑜凌老師開解

一、士人的內涵

士就是明理的讀書人，他知道利益大眾的重要，是能辦事的讀書人。《孟子》說士人沒有恆產但是有恆心，他充滿熱情、動機純正，可以持之以恆地達成目標，而且他的志向是道，所以士農工商中，以士為第一，來領導社會風氣。

二、什麼是道

道就是內聖外王之道，對內要提升自己的修為，對外要培養能力、承擔大任以利益他人。士人以此為他的人生目標，所以富貴不能淫、貧賤不能移、威武不能屈，孔門

的聖賢君子就是這樣的人物。

三、讀書人如果很在意衣食會有什麼問題？

衣食十分重要，可以維持生存、使人體面，但如果以追求華美衣食為目標，則增長虛榮心，逐漸以衣食簡陋為恥辱，這樣的讀書人，內心不是真正渴望求道，當然就無法與他談道了。

四、邦有道時，士人也可以富貴

本章並不是說士人不能富貴，當邦有道、明君在位，讀書人也可以富貴。本章的重點在於，讀書人可以經得起貧困，因為富貴貧賤並不是他的志向所在。

本章提問

一、何謂「士」？

二、什麼是內聖外王之道？

三、心繫在名利上有什麼不好？心繫在道上有什麼好？

第十章
義是衡量人事的標準

子曰：君子之於天下也，無適也，無莫也，義之與比。

—— 4.10

字詞解釋

適：音同「迪」，違逆。

莫：貪慕。

白話解釋

　　孔子說：「君子對於天下人不違逆，也不貪慕，惟義是親，對於有義的人，就與他親近。君子對於天下事，既不預先存有絕對如此或絕不如此的成見，胸中充滿廣大公心，以義為衡量標準，合於義則行，也就是不問親疏，但以道義是親。」

▌唐瑜凌老師開解

一、君子如何處世

　　君子是以仁心為本質、胸懷天下的讀書人，他肯充實自己，可以做官，也可以在鄉野為民，或從事於教學，或在各行各業成為該領域的靈魂，比如「商道」、「醫道」等等。所以君子是能夠處世的仁人，不會與世間人格格不入。

二、君子與人不敵對、不貪慕

　　君子與天下人相處，他是「無敵也，無莫也」，無敵是不與人敵對；無莫是沒有貪慕的對象。但君子並不是沒血沒淚、沒親沒冤，而是「義之與比」，只要合於道義就

與他親近、與他和諧共處或共事。所以儒家不會只重視自己與家族小範圍的利益，而是從個人到家庭、到宗族、到社會、到國家，君子能將對家人的親愛，擴展到對國家、對人民的厚愛，就像孔門師兄弟間，以義來結合的親，甚至比家庭的親更濃厚。

「比」字朱子解釋為「從」，意思是無論仇人或親人，所講的話只要合道理他都聽從。例如宋朝的趙扑與范鎮，兩人雖不友好，但當遇到公事必須就事論事時，趙扑還是為范鎮說話，不會以私害公。

三、君子與人沒有厚薄之分

邢昺注解本章，「適」就是薄，「莫」就是厚，也就是沒有厚薄之分，合道義的君子就與之厚，反之就是與之薄，稱為「親君子，遠小人」。

四、君子沒有一定與誰親、一定與誰疏

另一種解法，「無敵也」就是沒有偏主於親，「無莫也」就是沒有偏定於疏，換句話說，君子沒有一定跟誰親，

也沒有一定跟誰疏，而是在義當中決定與誰相合。這個就是君子的胸懷，所以子夏說：「四海之內皆兄弟也。」行道當中看到志同道合的人，那才是真正的親。

五、君子無可無不可

朱子認為本章可以讀「無適（音是），無莫也」，「無適」就是無不可，「無莫」就是無可。無可無不可，唯義是從。所以如果有儒家的這種胸懷與知識背景，處世可以清楚、明快、了然，心中有一條康莊大道，即使處在逆境也知道做人處世的標準。

本章提問

一、君子跟人相處，不敵對、不貪慕，是否過於冷漠，與世間人格格不入？

二、君子的胸懷長什麼樣子？

三、子夏說：「四海之內皆兄弟也。」是否與本章相違？

第十一章
君子與小人的內心劇場

子曰：君子懷德，小人懷土；君子懷刑，小人懷惠。

— 4.11

白話解釋

孔子說：「君子心心念念安住在道德上，所以他的居處，必然選擇在有仁德的人所居的鄰里。小人則心心念念在於財產、田宅，所以他的居處，必然選擇有利可圖之地，例如可以使他升官發財之地作為居處，定居後則不遷移。君子念念不忘禮制的遵守，心中亦順著經典法則而行，小人則念念不忘於眼前的小惠，冒險以求僥倖，不思後果，唯利是圖，枉法貪利，禍國殃民，這就是君子與小人的差別。」

▌唐瑜凌老師開解

一、君子與小人心念的差別：君子懷德，小人懷土

　　心念即內心隱微處的想法，「懷」指心心念念的想法。君子心心念念想著與有品德、有能力的人相處，想著要里仁為美，與有德者一同進德修業、切磋琢磨、培養自己的能力。對比小人「懷土」，古代以農立國，以土地作為家產，所以土是地利，例如買地發財，藉著土地謀求商業利益。地愈大佃農愈多，財富愈多，所以小人心心念念只在求田問舍。德與土還包括君子喜歡跟有德者、志同道合者共住；小人則只考慮要住在商業區、交通便利或是求生活安樂，兩者的考量千差萬別。

二、君子與小人心念的差別：君子懷刑，小人懷惠

　　君子心內隱微處心心念念想著刑，刑有兩種，一種是

道的刑，一種是典範的刑。《書經・大禹謨》言「惠迪吉，從逆凶」，說明順著道就吉，不順道就凶。君子有法律的認知，所以不會誤蹈法網、以私害公，不會違背世俗的軌範規矩。第二種刑是典範的刑，君子心中有典範，像子貢親近孔子時，他以為憑著自己的聰明才智，一年就可以超越孔子，結果學了一年後發覺不行，第二年以為自己跟孔子差不多，到第三年才知道相差甚遠，孔子的做人處世、應對進退、學問能力，都好似天高，此後孔子就成為子貢心中的典範，甚至願意為孔子守喪六年。

「小人懷惠」，小人指一般世俗人，或是量小、私德很差的人。懷惠指心裡想要得到恩惠，想要溫飽、養家活口。更差的小人心裡面想的是要得到好處，為了得到好處往往會違法亂紀、行險僥倖，帶來莫大的禍患。

「君子懷德，小人懷土」是講居處；「君子懷刑，小人懷惠」是講行動。居處上君子是里仁為美，小人是講究地利、想發財。行動上君子有典範可依，心中合道，相應國家的法令規章，而小人行事只求自己的好處，以上就是君子跟小人最大的差別。

本章提問

一、君子跟小人的心念不同，差別在何處？

二、「君子懷刑」，刑分兩種，是哪兩種？

三、您有觀察過自己的心念嗎？讀完這章對於自己的心念

有何想法？

第十二章
什麼樣的人「顧人怨」？

子曰：放於利而行，多怨。

—————————————————— 4.12

字詞解釋

放：有兩種讀音，讀「放」，是放縱的意思；讀「仿」，
是依著的意思。

白話解釋

孔子說：「放縱自己的心，任意追逐、圖取私利，對
他人的損害愈多，招來怨恨的人就愈多。」

> **章旨**
>
> 這章告誡人不要放縱自己成為私心滔滔的人，也
> 是為官者追求利益的金玉良言。

▌唐瑜凌老師開解

一、「放於利而行」的意思

利跟義有時候可以相應，利合乎義則可以追求。「放於利而行」，「放」就是放縱，任意發展沒有收斂，或者追逐利益而行，像一般的小人，不管所做之事對別人、對未來是否有好處，眼前合利就好，所以產生種種欺騙牟利的行為。

二、兩種「多怨」的解釋

多怨有兩種，其一是自己的怨，追逐利益者常常喜歡發牢騷，他只在乎利益的多寡，而不願意多做事、多承擔。其二是會引起別人的怨恨。第一種追逐利益者，他的做人處世本來就有很多牢騷不滿，但更麻煩的是第二種，他會引起別人的怨恨，惡緣結得愈多，出路愈少，甚至會惹上殺身之禍。

三、如何不招致多怨？

君子是「人不知而不慍」，任勞任怨、先之勞之，不

會抱怨和發牢騷。再來，要懂得跟人結善緣，不要追逐私利。舉例而言，有名的賢大夫孟獻子過世時，很多人前來弔喪，主其事者司馬、司徒，在喪事完結之後，把弔唁的奠儀、禮物、禮金全部退還，不藉喪事來斂財，非常了不起。孟獻子曾說：家裡有馬車接送的官員，就不應養雞與豬以謀利了。有資格在祭祀時使用冰塊的貴族家，就不要再畜養牛羊了。大夫若是百乘之家，就像三家大夫有自己的封地，就不應該巧立名目來收稅。國家寧可有偷公家東西的盜臣，也不要有搜刮百姓的聚斂之臣，否則會引起民怨。

不管是個人、居家、團體，乃至於社會、國家，權力愈大者，在利益當中愈要小心。君子有九思，其中「見得思義」就是看到利益時要思考是否合於義，這才是君子的出路。

不合義而得到的榮華富貴是很可怕的，尤其產生聚斂、貪污的心，更是危險。故本章也可以看出君子的胸懷，君子坦蕩蕩，心胸如日月、天空般寬廣。

本章提問

一、見到利益時，應該思考什麼？

二、放縱追逐利益，為何會導致多怨？

三、試從本章論君子與小人的差別？

第十三章
禮讓是強國氣象

子曰：能以禮讓為國乎，何有。不能以禮讓為國，如禮何。

— 4.13

白話解釋

孔子說：「若人君能夠以禮讓來治國，那麼對於國家的一切事情有什麼困難呢？反之，若不能以禮讓來治國，則上下不敬不和，必互相爭鬥，縱然有禮法上的形式，也只是虛文而已，這樣的禮又有什麼用呢？」

章旨

此章言治國者，必須禮讓也。

▌唐瑜凌老師開解

一、以禮讓為國

　　禮從修身開始，其次齊家，再拓展到社會的人際關係，乃至於治國平天下。《禮記》上說「道德仁義，非禮不成」，沒有禮，道德仁義則無從施展。而禮的本質是謙讓，《易經》上說謙卦六爻皆吉。《論語》亦說「人而不仁如禮何？人而不仁如樂何？」亦即讓裡面含藏著仁心，懂得為他人著想、考量。禮讓當中包括保舉人才與有公心的人，像堯舜治國，本質就是禮讓。舜在位時，不管是辦教育、辦農業、辦禮樂等等都讓給國家的人才去做。甚至傳位時，也是「傳賢不傳子」，最高的禮讓就是「禪讓政治」，這是最有氣象的政治。

　　禮讓表面上看不到他的豐功偉業，但實質上經營出來的和諧氣氛，是一般朝廷難以達到的。像堯、舜皆行禪讓，把天下讓出去，而周文王在當西伯時，虞、芮二君爭田，朝見周國，請其評理，等到進入周國境內，所見朝野人士無不相讓，二人自慚而返，天下聽聞此事而歸附周朝的有四十餘國，可見古人無事不讓，能禮讓就不會相爭，故國

家容易治理。又如春秋時期晉國，有兩位將軍過世，軍隊要重新改組，國王便派士匄做中軍元帥，士匄說他要讓給伯游，自己做輔助，又派韓起為上軍元帥，韓起就讓給趙武，自己做副將。這時下軍派欒黶，欒黶本來是粗暴之人，而且自以為功勞很大，看到中軍、上軍都這樣讓，他就乖乖的接下軍元帥。在交接當中，大家一團和氣，所以古人說「爭之不足，讓之有餘。」

二、不以禮讓為國，禮則無用

如果不是以禮讓為國，禮是無用的。例如三家大夫僭越，不把國君看在眼裡，此時來祭泰山，在自家跳八佾舞，如禮何？禮一點用都沒有，反而是禮崩樂壞的開始。禮的本質是讓，孔子當時為了魯國的強盛，以大司寇攝行相事，主張墮三都，卻遭致反對，因為三家大夫權力薰心，不願意讓出既得利益，此時就算保留周公之禮，國家依然衰敗。周禮本來是要讓國家強勝的，但是小人不讓，爭名奪利，用禮反而加速衰敗！社會也是一樣，表面上客客氣氣、行禮如儀，私底下卻是勾心鬥角，這樣的禮也沒有用。

本章提問

一、禮以什麼作為本質，為什麼？

二、不以禮讓為國，禮則無用的理由？

三、孔子以大司寇攝行相事，主張墮三都，為何沒有成功？

第十四章
讓別人知道你的快速方法

子曰：不患無位，患所以立。不患莫己知，求為可知也。

—— 4.14

白話解釋

　　孔子說：「不用憂愁得不到職位，應該憂愁以什麼內涵來勝任這個職位，該如何在這個職位上有所建樹？不用憂愁我不為人知，但求可以擁有被別人知道的內涵。」

> **章旨**
> 此章勉人要先充實自己的才學品德。

▌唐瑜凌老師開解

一、不必憂患沒有名位，要憂患的是有沒有建樹

　　一般人憂患的是無位，因為作官有名又有利，好處非常多，孔子卻說不必憂患無位，要憂患的是自己有沒有建樹、有沒有立住人格、有沒有能力，不必在乎有沒有出路，而是先培養自己、投資自己。孔子在魯國也是不斷充實自己，等到三家大夫被陽虎把持國政，等到公山弗擾據費地叛變時，國家需要找有能力的人主持國政，孔子便是首選人才，在當時貴族世襲制度下，孔子一介平民居然能當到中都宰、大司寇，甚至攝行相事。「不患莫己知，求為可知也」，不憂患他人不知道自己的才學，而要求自己的人品、學問、處世的能力可以被別人知。

二、論語上其他相關篇章

　　《論語·學而》說「不患人之不己知，患不知人也」，不要憂患他人不知道我，此時正好充實培養自己。要憂患不知人，要懂得親近君子、遠離小人。

　　又說：「君子病無能焉，不病人之不己知也」，要憂

患自己沒有能力，真的準備好了，機會自然來。

孔子也對仲弓說：「犁牛之子，騂且角，雖欲勿用，山川其舍諸？」說明只要將自己培養好，不用擔心不被用。因為真正想創事業、想辦政治的人，一定會尋求人才。

本章提問

一、為什麼不必憂患自己沒有名位？

二、試問「患所以立」是要立住什麼？

三、論語上有哪幾章可與本章互相補充？

第十五章
兩個字，一輩子

子曰：參乎，吾道一以貫之。曾子曰：唯。子出，門人問曰：何謂也。曾子曰：夫子之道，忠恕而已矣。

— 4.15

字詞解釋

唯：對尊長謙卑的應答語。

白話解釋

　　孔子呼曾子之名說：「參啊！我的教化之道，是渾然一體，可以用一理貫穿萬事萬物。」曾子回應夫子說：「是的。」代表他直接通曉其理，更不須問。孔子出去後，其他的弟子不了解孔子所說，便問曾子：「夫子的道指的是什麼？」曾子回答：「夫子的道，就是忠恕罷了。」忠就

是盡己之力，恕就是將心比心，己所不欲、勿施於人。孔子之道，一理分為萬事，萬事歸於一理。夫子的道有入世的，有出世的，而能一以貫之。出世之道並非一般人所能了解，所以曾子以忠恕回答，與出世之道相近，一般人較容易知曉，人人可以盡力做到。

章旨

曾子用忠恕二字說明孔子的一貫之道。孔子的中心思想是仁，而忠恕則是仁的著手功夫。

▌唐瑜凌老師開解

一、曾子的特質

曾子小孔子四十六歲，孔子過世時，曾子僅二十七歲，已是孔門大才，名重國際，楚國曾經聘請他做上卿大夫。曾子魯鈍，但是「人一能之，己百之；人十能之，己千之」，透過百遍千遍的複習，加以引申、連結，將道理懂得透徹。此章孔子直呼其名「參」，表示親切的師生關係。

二、「一以貫之」真正的意涵

「一以貫之」，〈中庸〉上說的是「誠」，以誠心誠意來貫穿世間所有的品德，《論語》說的是「仁」，仁是全德，能涵蓋世間所有德行，此二者為入世之法。子貢說：「夫子之性與天道，不可得而聞也」，故「一」也可以指性與天道，以形而上來貫穿形而下。而本章曾子說的是「忠恕」。

三、曾子回答「唯」的涵義

「唯」就是「是的」。平輩間用「諾」，晚輩對長輩用「唯」。曾子答以「唯」，孔子並未再多問，結束了這場談話，就像禪家的「以心印心」，對方如果有開悟的氣象，師生了然於心，什麼話都不必多說。

四、門人問一以貫之的真正意思，曾子答以忠恕

曾子回答一以貫之是忠恕，理由有二。其一是子貢曾經問孔子：有沒有一個字可以終身奉行？孔子回答：「其恕乎」，大概是恕吧！恕道即將心比心，藉著恕道可以推

展出禮、信、忠、仁的內涵。例如：你希望別人對你有仁心，你就要對別人有仁心。其二是「忠」，忠即〈中庸〉講的誠，內心誠心誠意。你希望別人對你盡忠，你就要對別人盡忠。

推展恕道要講究知識背景，還要有經驗閱歷，才知道他人真正的需求，並在事後檢討心態與作法是否正確、對方是否受益等，如此將心比心才能夠用到極處。

蘇東坡說曾子言「忠恕而已矣」是搪塞之辭，因一時間難以與門弟子講清楚，而〈中庸〉上說：「忠恕違道不遠」，因為忠跟誠相關，恕道推己及人，能把一切好的品德通通推展出來，這些都是孔子的一以貫之。忠恕幫我們建立人生的各類品德，能通達人情世故，並攝持、貫穿一切世間學問，這樣才能誠心誠意去利益他人，真正發揮學問的價值。

本章提問

一、「一以貫之」的「一」可以有哪些解釋？

二、曾子答以「唯」，為何可判定他是傳承？

三、曾子為何對門人說一以貫之是忠恕？

第十六章
公義與私利之辨

子曰：君子喻於義，小人喻於利。

— 4.16

字詞解釋

喻：知曉。

白話解釋

孔子說：「君子只曉得公義，他所做的事情都是為了
大眾著想；小人只曉得私利，小人所知的利，不只在錢財，
一切有利於自己的，他都會去爭奪。」

章旨

此章明君子小人心中的認知不同。君子小人，一
言難辨，此以公義、私利說其總則而已。

▌唐瑜凌老師開解

一、如何定義君子與小人

　　《論語》中的小人可以指世間一般心量格局較小的人，也可以指沒有品德的人；君子可以是在朝為官者，也可以是指有品德、有學問的人。本章的君子，指有品德學問的人；小人特別指沒有品德卻有能力的人。「君子喻於義，小人喻於利」，喻就是可以把事情弄明白，讓人產生覺受。君子有義的覺受，小人有利的覺受，人會在覺受中投入他的熱情，安住在其中。所以君子喜歡追求義的內涵，並以義為本質來推行他的事業；小人則是對利有忘不了的感覺。

二、君子為何喻於義？小人為何喻於利？

　　什麼是義？對大局有利、對公家有利、對長遠有利的是義，君子為了義會充實自己，去發展利生的事業，因為他通達義的好處，如〈中庸〉所說：「故大德必得其位，必得其祿，必得其名，必得其壽。」小人正好通達利的好處，所以也會全心投入其中，甚至鼓動大家一起追求，由此可知，人生要改變命運先要有見地。

三、君子喻於義的好處，小人喻於利的壞處

　　小人為了利而努力追求，競爭中充滿了焦慮與不安，利益也難久享；君子為公發心，心中坦蕩蕩，只要是合乎義的利，都可以心安理得地去接受，比如舜接受堯的天下，如此大的利益，可以在大眾的祝福、萬民的擁戴中承接。

本章提問

一、何謂公義？何謂私利？

二、我們如何去私欲、存公心？

三、如何經營以義為利的生活？

第十七章
投資自己的進步大法

子曰：見賢思齊焉，見不賢而內自省也。

4.17

字詞解釋

省：反省。

白話解釋

孔子說：「見到賢人，他的學問、品德比我高，應當思維要如何學習才能與他齊等，祈願自己也有此賢。見到不賢的人，應當在內心反省，恐怕自己也如此不賢。若如是觀察反省，乃能德學俱進。」

▍唐瑜凌老師開解

一、如何投資自己

投資自己非常重要，孔子就是一個會投資自己的人，本章也與投資自己有關。見賢思齊，要有思齊的眼力，否則賢看成不賢，不賢看成賢。就像到菜園裡除草，錯把菜看成草，最後菜被拔光，只剩下草。所以培養見賢的知識背景、經驗閱歷極為重要。

二、什麼是賢？

見賢當中，包括看他的存心、行事風格、能力，看他對一件事情的觀點，看他有沒有堅持到底的個性，這些內涵真不簡單。可以從大事上去見，也可以從小細節去見，

讓自己成為能見，賢者成為所見。

三、如何思齊

　　思齊就是想辦法與他看齊，比如與其共事相處、切磋琢磨，或者同住一處，里仁為美。反面來說，不要嫉妒他，不要傷害他，還要隨喜他的辦事，當他被毀謗的時候，我們還要懂得分擔毀謗，與他建立深刻的情感，比如孔子與顏回，就是名為師生、情同父子，孔門師兄弟間，也如同家人一般患難與共。能見賢思齊，心中有典範，才能日日進步。

四、見不賢要怎麼辦？

　　不賢包括品德、學問、能力等方面不賢，這時我們要內自省，也就是要有警惕，想想自己是不是也這樣？不賢當中最麻煩的就是見地庸俗，只想到吃喝玩樂，只想到眼前，對於這類的不賢，要深深警惕，不能一起同流合污或浪費時間。

本章提問

一、什麼是賢者？什麼是不賢者？

二、見到賢者或不賢者，應該如何做？

三、本章跟投資自己有什麼關係？

第十八章
規勸父母有妙招

子曰：事父母幾諫。見志不從，又敬不違，勞而不怨。

字詞解釋

幾：音同「饑」，微也。

白話解釋

　　孔子說：「為人子者，侍奉父母，見父母的過失微微地在心裡發動時，就要勸諫，不要等他形成大過。若見父母的心意不肯聽從勸諫，表示過已逐漸形成，甚而形成大過，此時子女依然要對父母尊敬，而不違背勸諫的初衷，繼續進諫。如果見到父母心意不肯聽從，恐怕觸怒父母，於是停止勸諫，則非人子孝親之道。若屢諫不從，甚至受

到父母的怒斥，孝子也不辭勞苦，不敢有絲毫怨忿的言語或表情，內心雖然憂慮父母恐釀成大過，但不埋怨父母不受勸諫，依然會繼續勸諫，但須講究善巧方便。」

章旨

此章是孔子示人子諫諍父母的理由與態度。

▌ 唐瑜凌老師開解

一、孝道表現在勸諫

「幾諫」就是父母有過錯要懂得勸諫。父母無傷大雅的過錯，不必一直勸，對於會引發人格缺失、品德污染，甚至嚴重後果的事情，才是勸諫的標準。「幾」就是婉轉，另一個意思是微細的跡象，只要預見未來會有嚴重的後果，在事情剛開始萌發的時候，就要懂得勸諫，有時甚至犯顏而諫，這會讓父母親不高興，所以下文說「勞而不怨」。

二、父母親不聽勸時怎麼辦？

勸諫已經很婉轉，言詞還是難免會冒犯父母親，當父母親的心志不願意順從諫言，子女在態度上還是要表現恭敬，並且不違背自己勸諫的初衷，仍要找機會善巧地勸諫父母，因為父母親有生育、教育、養育的大恩。

三、雖然勞苦也不埋怨

勸諫冒犯了父母，父母又不聽從，難免感到勞苦或感到憂愁，但是即便如此，也不埋怨，這是為人子很好的修養，也是出外辦事的人格涵養基礎。

本章提問

一、什麼情況下我們應該勸諫父母？

二、如果父母不肯聽從勸諫，為人子者要怎麼做？

三、勸諫講究哪些技巧？

第十九章
令人心安的孝道－報行蹤

子曰：父母在，不遠遊，遊必有方。

4.19

白話解釋

孔子說：「父母在世，子女不能無故遠離，不得已要遠遊時，須有正當的事由。並且要告知父母遠遊的方向與處所，當父母忽然有事要找人，才知道在何處所可以找到人。若遠遊不一定待在固定處所也要報告行蹤，免得父母繫念。」

章旨
此章是孔子教人要體念親心，能體念親心就是孝。

▍唐瑜凌老師開解

一、「父母在」的啟示

父母在才能表現孝心，如同沒有兄弟則無法表現悌道，沒有朋友交往則無法表現誠信，所以父母在是難得的事情。父母關愛子女，即便表面不說，內心都非常在意。例如文王對子女的慈愛之心深厚，他把這樣的覺受拿來對待老百姓，所以視民如傷，怎麼看老百姓都覺得百姓過得不好，就像孩子們過得再好，父母親都覺得還不夠好，父母就是這樣的胸懷，為人子女怎麼能不孝順呢。

孝道且先不論其高深，光是不要讓父母親操心就不簡單。父母念子之心，隱微處是相續不斷，父母會操心兒女的身體、學業、事業、生活狀況、家庭生活等，心心念念為子女著想，故為人子女者，於父母親還在世時，要能晨昏定省、讓父母親心裡高興，還包括生病時候的照顧，乃至於父母過世後的慎終追遠，這些都是「父母在」給我們的啟發、聯想。

二、「不遠遊，遊必有方」的理由

　　父母對子女的付出太多，子女對父母的付出相對小，所以子女不要遠遊，因為遠遊便難以晨昏定省、養親悅親、難以親近照顧、醫病、慎終等。不遠遊並不是絕對不可以遠遊，而是要「遊必有方」。出遊有幾種情況，第一、古人有時候要出遠門遊學。第二、做官叫做宦遊，就是在他處做官，古代做官通常都不能在家鄉做官。第三、有時還要出差，或是謀生計。第四、出去講學，像孔子的學生子游、澹臺滅明都離開魯國去講學，這都是不得不遠遊的情況。

　　「遊必有方」有幾種講法，鄭康成的說法是遊必有常去的地方，要讓父母能夠找得到，能夠心安；朱子解釋為方向，亦即要回報自己的行蹤使父母安心，當然現今社會通訊發達，可以隨時連絡。

　　當然喻親於道更重要，引導父母親修學正法才是盡大孝，但是盡大孝之前且先盡小孝，萬不得已不遠遊，不得已遠遊要遊必有方。

本章提問

一、「父母在」這句話隱藏哪些意涵？

二、「父母在，不遠遊」的理由為何？

三、有哪些狀況必不得已要遠遊？此時該怎麼做？

第二十章
孝，就在家裡的老規矩上

子曰：三年無改於父之道，可謂孝矣。

白話解釋

　　孔子說：「孝子在居喪三年期間，由於哀戚思慕之心，不忍改變他父母生前的老規矩，能這樣做，可以說是盡到孝心。」

> **章旨**
> 孔子勉人在居喪期間，固守父道，以盡哀戚思慕之心。

▌唐瑜凌老師開解

一、為何要三年無改於父之道

　　三年指居喪期間，古代雖說是守喪三年，可是實際上大概是二十五個月或二十七個月。「三年無改於父之道」，難道父親的惡不改嗎？須知此處的「父之道」是常道，如同閔子騫所說：「仍舊貫，如之何，何必改作。」父親生前行事如果是善的我們就予以保留，家中的擺設也可以保留當成思念，或是父親留下來的事業，他的老規矩，他所用的人不錯，就保留下來，就像孟獻子過世時，孟莊子承襲爵位，孟莊子就是一個「三年無改於父之道」的人，父親留下來的臣子他都繼續任用，可謂孝矣。

二、本章是否重出？

　　這一章跟〈學而〉篇第十一章類似，〈學而〉篇的第十一章經文是「父在觀其志，父沒觀其行。三年無改於父之道，可謂孝矣。」對於此章是否重出，眾說紛紜，有的人認為並未重複，因為〈學而〉篇第十一章「父在觀其志，父沒觀其行」是在講觀人法，觀父親的志與行，而本章是

在講談孝道，著重的層面不同。

有的人認為聖人多方言道，所以記錄者就隨文記之，比如孔門中有曾子的學生、冉子的學生、有子的學生，他們各以所聞記錄，僅此而已。《春秋繁露・祭義》篇說遇到重複，我們不可不查，其中一定有很好的涵義或用意，說不定是刻意安排。

本章提問

一、本章跟〈學而〉篇「父在觀其志，父沒觀其行。三年無改於父之道，可謂孝矣」有何關聯？

二、有人說此章跟〈學而〉篇重複，有人說不然，其依據的理由為何？

三、「三年無改於父之道」是無改於父親的什麼？

第二十一章
一件不可以不知道的事

子曰：父母之年不可不知也。一則以喜；一則以懼。

白話解釋

孔子說：「父母的年歲子女不可以不知道。知道父母的年歲，子女一則歡喜，一則恐懼。歡喜的是，父母得高壽，子女能孝養父母，令他們歡喜；恐懼的是，父母的年歲愈高，在世之日愈少，深懼子欲養而親不在，時機不多，則事奉父母愈當謹慎。」

章旨

此章是孔子教人及時行孝，並描寫孝子心情，甚當玩味，惟其憂樂之情深，故喜懼之心篤厚。

▌唐瑜凌老師開解

一、父母之年不可不知也

　　古代衛生條件不佳、戰亂頻繁、物資有限，容易營養不足，有句話說：「七十不留宿，八十不留飯，九十不留坐」，因為七十歲開始，身體脆弱，怕會發生意外，才會說人生七十古來稀。本章「父母之年不可不知也」，「知」可以解釋為知道，也可以讀四聲，解釋為銘記在心。為何要知道父母親的年齡呢？因為父母年數愈大，相處的時間愈少，盡孝的時日無多，即便現在的人平均壽命都很長，但再長也不過百歲，人生稍縱即逝，所以父母之年不可不知。

二、知道父母的年齡，一則以喜

　　喜跟懼都是情緒，煩惱要對治，但是情緒有時候要保留。比如說好樂是情緒，快樂是情緒。對善法的好樂，安住正法的快樂都是很重要的情緒。

　　知道父母之年，「一則以喜」，喜的是看到父母親健在，而且長壽。一般說壽、富、康寧、攸好德、考終命五福，長壽就是五福之一。

周文王本來可以活到一百歲，但是他卜卦得知武王的命不長，所以他自願減壽三年給武王，自己只活到九十七歲。因為他知道武王姬發是能辦大事的人，這就是父母對孩子的心意，古代的孝建立在感恩上，所以會觀功念恩，觀其功德，念其恩惠。

三、知道父母的年齡，一則以懼

　　「一則以懼」，懼的是來日無多，樹欲靜而風不止，子欲養而親不待。子路曾經到百里外背米回家侍奉母親，待他成為大夫時，有豐厚的飲食，五鼎三牲，可是父母親已不在，子路很感嘆，榮華富貴不能奉養親人，還不如生前的菽水之歡、粗茶淡飯、家庭和樂。

　　過去在李炳南教授座下聽課，老人家九十幾歲了，我們的心情亦是喜懼交雜，喜的是這樣的大德高壽，還可以在座下聆聽課程，懼的是來日無多。很多的人情世故都是感性的，邏輯、分析、推理固然讓人頭腦清楚，但人是感性的動物，有時候感性最能夠感人，父母有恩於你，那種恩情就是一種感性。

本章提問

一、父母之年不可不知的理由是？

二、對於父母的年歲一則以喜，喜在何處？

三、對於父母的年歲一則以懼，懼在何處？

第二十二章
行動在前,承諾在後

子曰:古者言之不出,恥躬之不逮也。

4.22

字詞解釋

躬:身也。

逮:及也。

白話解釋

孔子說:「古時候的人,不輕易出言,惟恐言語說出而行為來不及兌現,以為恥辱。」

> **章旨**
>
> 此章孔子勉人說話要謹慎,說到就要做到。

▌唐瑜凌老師開解

一、為何古者不輕易說話？

　　古者就是孔子以前的人，這些人不輕易說話，因為怕自己做不到。《論語》裡面說：「君子欲訥於言，而敏於行」，就是好像不會說話，可是行持上卻很敏銳，不會失信於人。《老子》也說：「夫輕諾必寡信」，很輕易地答應他人，一定寡信。所以「仁者其言也訒」，有仁心的人、想要守信的人，話就不容易說出口。

　　《論語》裡面還有許多章可以與本章合看，〈憲問〉篇說：「其言之不怍，則為之也難」，就是說話不慚愧的人，他的話都很難兌現，讓他去辦事他就很困難。還有「君子恥其言而過其行」，說得多卻做得少，會讓君子覺得很丟臉。我們應當要「先行，其言而後從之」，就是做了再說，這個時候就沒有不能兌現、失信於人的問題。

二、古者不是不會說話

　　本章不能誤解為孔子主張人不要太會講話，此處只是告訴我們守信的重要。例如孔子「誨人不倦」，就要時常

跟學生談話,要把道理講明白。他在宗廟朝廷時,也是「便便言,唯謹爾」,就是議論的時候能把話說得清楚。君子少說話的目的是要成就自己的信用,因為承諾卻做不到是種過失,這是本章的宗旨。

古代行商都講究商道,貨真價實、童叟無欺,商人都如此,更何況是讀書人,能保留這些品德文化,才是高貴的民族。

本章提問

一、依本章而言,古者跟今者(孔子那個時代)有何差異?

二、古時候的人為何不輕易說話?

三、本章跟信用有何關係?

第二十三章
少犯錯的訣竅

子曰：以約失之者，鮮矣。

4.23

字詞解釋

鮮：音同「顯」，少。

白話解釋

孔子說：「奢侈或簡約雖然都不合乎中道，但是生活奢侈的人容易驕逸招禍，生活簡約的人則不驕逸，懂得約束自己的身心，而無憂患，故很少會犯過失。」

章旨

「約」作儉約言，則此章貴儉。

「約」若作約束言，則是內束其心，外束其身，乃孔子教人做事謹慎。

▌唐瑜凌老師開解

一、過與不及都不是中道

　　合乎中道很重要，在達到中道之前，過與不及都不好。有時候不及的過失比較少，有時候超出的過失比較少，都不一定。本章特別說明不及的好處。

二、簡約的好處

　　「約」就是儉約，儉約的反面就是奢侈、過度，儉約的人因為懂得收斂言語、行為，雖然沒辦法有完整表達，也是過失，但是比言語過度、行為越分，所招致的過失要少很多。所以一般在達到中道之前，寧可先保守一些。

三、儉近仁

　　《禮記·表記》上說「儉近仁」。因為懂得收斂自己，才不會去冒犯別人，才能從這個基礎上去利益他人。如此即便有過失也不會很大。《禮記·曲禮》也說：「敖不可長，欲不可從，志不可滿，樂不可極。」都是與本章相應的警語。

本章提問

一、什麼是中道？

二、奢侈和簡約都不符合中道，若要擇其一，何者較好？

三、簡約的好處與缺失是？

第二十四章
說話做事有妙招

子曰：君子欲訥於言，而敏於行。

白話解釋

孔子說：「君子很想在言語上遲鈍，即不搶先說話，也不要表現自己很有口才，這是因為君子想要言語謹慎的緣故。言語雖然慎重，但是辦事必須敏捷，所謂先行，其言而後從之，事情先做出來，言語跟隨其後，就不會有過失。言語上遲鈍及做事敏捷，都是君子認為很難做到而希望做到的。」

章旨

此章言君子慎言貴行也。

█ 唐瑜凌老師開解

一、君子的人生方向

君子，就是入世有能力的人，我們身處現在這個時代，要培養多領域的能力，但是《論語》裡面的君子，更強調培養見地與品格，才能有別於世間一般的強者。君子不會很在意自己的出路、生活上的享受或者功成名就，而是在意要做很多利益大眾的善事，這是君子遠大的目標跟方向。

二、君子欲訥於言

「欲」是孔門的心法，欲就是很想，有些事情縱然困難，可是他很想達成。訥就是很難、遲的意思，君子想要說話時，好像很難說出口，要慢慢說，這特別是指他要承諾別人的時候，懂得一言既出，駟馬難追的道理，但並非任何時間場合都如此，比如孔子教學時，會把道理講清楚，議論朝政會把事情說清楚，乃至於跟小人周旋時也會用權變的語言，所以君子說話是有見地和知識背景來做抉擇的。

講話要注意哪些事情？講出去的話可能會麻煩別人，或讓別人不好辦事，就要很小心。請別人幫忙要衡量彼此的交情，了解別人的能力。如果是承諾他人，也要衡量自己的能力，顧及造成的影響。

三、君子欲敏於行

言語是訥，行為卻敏，敏就是面面俱到，能夠防患未然，未雨綢繆，具有全方位的觀察，可以很有效率去完成事情。敏於行要靠充實自己，找好的老師、朋友，把投資自己當成重要但不緊急的事情，按部就班去做好。

敏也是悟性，做事情要懂得去體悟，能夠敏銳地知道對錯、知道全局、知道影響，這樣的人會言寡尤，行寡悔，人生的福報就在其中，這也是近於仁的方法，所以君子一定會要好好講究自己的言行。

本章提問

一、君子遠大的目標跟方向是？

二、君子想要說話時，為何好像很難說出口？

三、言語是訥，體現在行為上呢？

第二十五章
遠離孤單最好的方法

子曰：德不孤，必有鄰。

—— 4.25

白話解釋

（解法一）

孔子說：「有善德的人，必定會引來同類者相聚，所以不至於孤立。」

（解法二）

孔子說：「有善德的人，德立於自己，則天下有善德的人都會歸順他，所以不至於孤單。」

章旨

此章勉人修德也。

▌唐瑜凌老師開解

一、利益他人不會孤單

　　所謂物以類聚、同志相求,人的志氣相投,也會相求為朋友。承擔利益眾生的事業,往往跟身邊的人想法不一樣,所以可能感到孤獨,甚至羨慕別人享樂的生活。其實不然,利益他人會豐富自己,反而得到很多幫助。就像春秋亂世,小人道長、君子道消,有德者未必能找到志同道合的人。孔子周遊列國,道不能推行,德豈不孤單,然孔子著書立說,有教無類,所以三千弟子及後世學人,皆是他的鄰居。故不論世道如何,只要修善德,德必有鄰,不會孤單。

二、明德與昏德都有鄰

　　德有「明德」與「昏德」,明德是一種利他的能力,昏德是用來自利。本章說「德不孤,必有鄰。」明德也有鄰,昏德也有鄰,本章講的是明德。昏德所結合的鄰,都在利害關係上講究,一旦擺不平便會互相廝殺,或者一旦失去名聞利養、榮華富貴時,大家做鳥獸散。明德

所結合的鄰才是真正的鄰，是一個相互護持，有深厚情感，可以交心，彼此志同道合的鄰。

「鄰」可以解為「類」，德不孤，一定有人跟你同類。「鄰」也可以解為「親」，會有跟你親近的人。「德」可以解釋為能力，運用能力來斷惡修善，就會有人跟你同類、跟你親近。《易經》上說「方以類聚」，「方」的意思是可以解為經教、技術、個性，經教上有相同思想、有共同技術或者個性相近的人會群聚在一起，此與本章可參看。

三、為何德不孤必有鄰？

董仲舒認為德不孤必有鄰，是積善累德的效果，也就是要做得久，就必有鄰，比如孔子有弟子們的追隨守護，就是因為弟子們長期看到孔子對道的堅持與為人的風采。

四、必有鄰而德不孤

另一種解釋，「必有鄰」意思是人格特質已經被大家所公認，此解釋也可以。

本章提問

一、學道或做利益他人的事業，是否會孤單？

二、什麼是明德？什麼是昏德？

三、「鄰」有哪兩種解釋？為何「德不孤，必有鄰」？

第二十六章
與長官朋友相處之道

子游曰：事君數，斯辱矣。朋友數，斯疏矣。

4.26

字詞解釋

數：音同「碩」，繁瑣。

白話解釋

子游說：「事奉君主，往來不可以太過繁瑣，否則將招致恥辱。而朋友交往過於頻繁，必導致彼此疏離。」

章旨

子游談論為臣事君，與朋友相交，應當依禮漸進，不可繁瑣迫切。

█ 唐瑜凌老師開解

一、本章講出門在外的人際關係

在家靠父母，出外靠朋友，本章所謂的「君」，可以套用到與長官、領導之間的相處。本章只談一個面相，所以要更完整地去讀《論語》，才能活讀活用。

二、勸諫國君不能太繁瑣

數就是次數很多的意思，當勸諫國君很多次、很繁瑣的時候，可能帶來恥辱。勸諫十分重要，儒家講的忠臣不是愚忠，孝子也不是愚孝，而是要懂得勸諫之道。「古之大臣以道事君，不可則止。」大臣事奉國君，是為了利益天下蒼生，當國君有過錯的時候，大臣要懂得勸諫，勸諫不聽時則停止，暫時的停止是為了換來以後勸諫的空間。所以勸諫無用時不勸，勸諫若有用，也要掌握時機、場合、次數。

三、勸諫朋友不能太繁瑣

勸諫朋友如果太頻繁，交情會疏遠，甚至絕交。子貢

曾經問孔子交友之道，孔子說：「忠告而善道之，不可則止，毋自辱焉。」勸諫過於繁瑣，疏遠在先，自取其辱在後。所以朋友間的勸諫，也要掌握很多善巧的方法。

四、本章的引申

君子的交往平淡如水，小人的交往甘美像甜酒。事君、交友，甜蜜而繁瑣，正是召辱取疏之道。此章可配合《禮記》來學。本章還可引申，比如朋友間的相處時間、碰面的次數，夫妻間的相處之道，祭祀時禮儀的程序，都要注意不宜太過濃密、太過繁瑣。

本章提問

一、勸諫上級要注意什麼事情？

二、勸諫朋友太繁瑣會導致什麼問題？

三、本章就著什麼面相來談為臣事君，與朋友相交的道理？

時哉傳家寶
每天5分鐘儒學家唐瑜凌陪你讀《論語》2──八佾里仁

作　　者／唐瑜凌
出版統籌／林蔚芳
封面設計／孫珮茹
責任編輯／蕭惟元、唐微智、戴于山、潘秀鳳、孫珮茹
文稿校對／楊惠宇、白文輝
總 編 輯／賈俊國
副總編輯／蘇士尹
編　　輯／高懿萩
行銷企畫／張莉滎‧蕭羽猜
發 行 人／何飛鵬
法律顧問／元禾法律事務所王子文律師
出　　版／布克文化出版事業部
　　　　　台北市中山區民生東路二段 141 號 8 樓
　　　　　電話：(02)2500-7008　　傳真：(02)2502-7676
　　　　　Email：sbooker.service@cite.com.tw
發　　行／英屬蓋曼群島商家庭傳媒股份有限公司城邦分公司
　　　　　台北市中山區民生東路二段 141 號 2 樓
　　　　　書虫客服服務專線：(02)2500-7718、2500-7719
　　　　　24 小時傳真專線：(02)2500-1990、2500-1991
　　　　　劃撥帳號：19863813　　戶名：書虫股份有限公司
　　　　　讀者服務信箱：service@readingclub.com.tw
香港發行所／城邦 (香港) 出版集團有限公司
　　　　　香港灣仔駱克道 193 號東超商業中心 1 樓
　　　　　電話：+852-2508-6231　　傳真：+852-2578-9337
　　　　　Email：hkcite@biznetvigator.com
馬新發行所／城邦 (馬新) 出版集團 Cité (M) Sdn. Bhd.
　　　　　41, Jalan Radin Anum, Bandar Baru Sri Petaling,
　　　　　57000 Kuala Lumpur, Malaysia
　　　　　電話：+603-9057-8822　　傳真：+603-9057-6622
　　　　　Email：cite@cite.com.my
印　　刷／韋懋實業有限公司
初　　版／2023 年 3 月
定　　價／300 元

ISBN／978-626-7256-51-0 (平裝)　　EISBN／978-626-7256-52-7 (EPUB)

城邦讀書花園　布克文化
www.cite.com.tw　www.5BOOKER.COM.TW